À conserver

(Cours de méthode)

LA MUSIQUE MISE À LA PORTÉE DE TOUS

AU MOYEN DE LA

NOTATION FRÉMOND

Récompensée à l'Exposition universelle de Chicago, en 1893

EXPOSÉ SOMMAIRE

D'UNE

Réforme de la Notation Musicale

SUIVI D'UN PROJET DE STATUTS

pour l'organisation d'une

SOCIÉTÉ INTERNATIONALE DE MUSIQUE

PAR

A. Frémond

INGÉNIEUR

BUENOS AIRES

1898

LA MUSIQUE MISE À LA PORTÉE DE TOUS

AU MOYEN DE LA

NOTATION FRÉMOND

Récompensée à l'Exposition universelle de Chicago, en 1893

EXPOSÉ SOMMAIRE

D'UNE

Réforme de la Notation Musicale

SUIVI D'UN PROJET DE STATUTS

pour l'organisation d'une

SOCIÉTÉ INTERNATIONALE DE MUSIQUE

PAR

A. Frémond

INGÉNIEUR

BUENOS AIRES

1898

AVANTAGES PRINCIPAUX
DE LA
NOTATION FRÉMOND

1°—Réduction à 3, au lieu de 5, du nombre des lignes de la portée.
2°—Suppression de la plus grande partie des lignes supplémentaires.
3°—Position invariable des notes sur les lignes de la portée.
4°—Facilité de pouvoir écrire indistinctement la Musique soit au moyen de notes, soit au moyen de chiffres.
5°—Suppression complète des clefs.
6°—Suppression complète des dièses et des bémols.
7°—Appréciation immédiate de la valeur et de la nature des intervalles.
8°—Grande facilité de lecture et d'analyse des accords et des partitions.
9°—Exécution facile des diverses transpositions.
10°—Représentation très-simplifiée des valeurs des notes et des silences.
11°—Exactitude d'interprétation des divers signes.
12°—Emploi de mouvements simples et précis, pouvant être déterminés exactement avec la plus grande facilité.
13°—Simplification des signes accessoires, ainsi que des diverses expressions relatives aux nuances et à l'exécution.
14°—Simplification de la typographie musicale.
15°—Sténographie facile des morceaux de musique.
16°—Économie de papier et de main-d'œuvre, et moindre encombrement des morceaux de musique.
17°—Application facile et exacte dans toute l'étendue et dans tous les cas où peuvent s'employer les autres notations.
18°—Étude facile et à la portée de toutes les intelligences.
19°—Grande économie de temps et d'efforts intellectuels pour les études.
20°—Enfin, en résumé : Réduction de la notation musicale à la plus simple expression possible, et élimination de la plupart des difficultés que l'on rencontre actuellement dans l'étude de la musique.

CERTIFICAT

Je soussigné certifie que Mr. A. Frémond, Ingénieur, est l'auteur d'une *Réforme de la Notation musicale* pour laquelle il a obtenu une médaille et le Diplôme correspondant à l'Exposition universelle de Chicago en 1893.—Qu'il a établi les premières bases de sa notation dans le courant de l'année 1886 ainsi que le constatent les pièces officielles dont il est possesseur.—Et que, depuis cette époque, pour vérifier l'application de cette nouvelle notation dans tous les cas possibles, il a rédigé *trente volumes* encore inédits, dont j'ai pris connaissance et qui traitent des diverses branches de la science musicale, comme le démontre la liste ci jointe (1) indiquant les dates de conclusion de ces ouvrages qui forment un total de plus de *trois mil six cents pages*.

En constatant les résultats de ces importants travaux réalisés en 10 années et en dehors des occupations ordinaires de leur auteur, je me fais un devoir d'adresser mes félicitations à Mr. A. Frémond, recommandant ses travaux à la sérieuse attention de toutes les personnes qui s'intéressent aux questions musicales, soit au point de vue de l'art, de l'enseignement ou de la distraction.

Signé: ALBERTO WILLIAMS
DIRECTEUR DU CONSERVATOIRE DE MUSIQUE
DE BUENOS AIRES

Buenos Aires, 22 Novembre 1896.

---

(1)—Cette liste sera donnée plus loin.

2

OUVRAGES DU MÊME AUTEUR

EN COURS DE PUBLICATION :

GRAMMAIRE MUSICALE ou Principes de Musique en *notation usuelle* et en *notation chiffrée*, actuellement employées. (Voir l'énoncé des Chapitres à la fin du présent ouvrage)

COURS MÉTHODIQUE DE DESSIN INDUSTRIEL, à l'usage des élèves des écoles spéciales et de tous ceux qui désirent se familiariser avec le Dessin.

Le Cours complet, divisé en 4 années, comprend 60 planches qui embrassent les différents genres suivants : *Linéaire, Ornement, Lavis, Croquis, Projections et Perspective, Architecture Machines, Installations industrielles, Travaux publics, etc. etc.*

Les 15 planches de la 1ère Année sont déjà parues (Voir la liste à la fin du présent ouvrage)

~~~

EN PRÉPARATION :

MUSIQUE
(Notation Frémond)
* Principes de la Musique
* Solfège, ou Exercices pratiques
* Traité élémentaire de Musique, théorique et pratique
Traité d'Harmonie et de Composition musicale
Traité d'Instrumentation et d'Orchestration
Historique de la Notation Frémond

SCIENCES MATHÉMATIQUES
(Théorie et applications)
Traité d'Arithmétique
* Traité de Géométrie plane
* Traité de Géométrie de l'espace
Traité d'Algèbre
Traité de Trigonométrie

DESSIN
* Année préparatoire de Dessin, comprenant 15 planches de Dessin géométrique et linéaire.

NOTA.—Ces divers ouvrages rédigés surtout au point de vue pratique, renferment un grand nombre d'Exemples et Problèmes d'une application journalière.

Tous sont actuellement préparés et presque terminés. Ceux marqués d'un *, actuellement en révision, seront publiés les premiers.

Tous les *Traités de Musique* indiqués ci-dessus sont rédigés en *Français*. Des traductions en divers idiomes en seront faites ultérieurement.
Les *Cours de Dessin* et les *Traités de Mathématiques* le sont en *Espagnol*.

EXTRAIT

DE LA

REVUE ILLUSTRÉE DU RIO DE LA PLATA

(Nro 119 du 1er Février 1898)

LA NOTATION FRÉMOND

Nous avons eu l'occasion de parcourir un intéressant travail, dû à notre distingué et bien connu compatriote l'ingénieur français A. Frémond, Directeur technique de l'École nationale industrielle de Buenos Aires, travail relatif à son nouveau système de Notation musicale.

Récompensé à l'exposition internationale de Chicago en 1893, ce travail, qui est en ce moment à l'impression, constitue un véritable procès contre le système d'écriture musicale actuellement en usage, que Mr. Frémond propose de remplacer par sa nouvelle notation, fruit de 11 années de persévérantes études, et qu'il estime maintenant suffisamment étudiée et à point pour être soumise au jugement du public auquel, pour la première fois, elle sera prochainement divulguée.

Déjà il y a six ans, le distingué critique musical Enrique Froxas faisait connaître le résultat des travaux antérieurs de Mr. Frémond, dont il donnait une remarquable analyse dans un de ses feuilletons musicaux de *La Nacion* de Buenos Aires (2 Août 1891). Mais depuis cette époque la *Notation Frémond* a passé par une série de transformations très importantes qui l'ont considérablement et presque complètement modifiée, de sorte que l'on peut dire qu'il s'agit d'un travail absolument nouveau et d'une haute portée, tant au point de vue musical qu'au point de vue scientifique et social.

Présenté sous la forme d'un Résumé des travaux de l'ingénieur Frémond sur la Notation musicale, le travail dont nous nous occupons contient un grand nombre de documents, renseignements, démonstrations et exemples, que l'auteur a concentrés dans un nombre réduit de pages, les exposant dans un style clair et concis, sans phrases inutiles pour la compréhension de ses idées relativement à son grandiose projet de Réforme.

Nous ne croyons nullement nécessaire de faire ici la présentation de l'ingénieur A. Frémond, car il est suffisamment connu de nos compatriotes et du public intelligent de l'Argentine, tant pour ses efforts persévérants pour implanter ici l'enseignement industriel ainsi que l'enseignement scientifique au moyen des projections lumineuses, que pour ses nombreux et intéressants articles scientifiques, industriels et musicaux, publiés dans divers journaux et revues de Buenos Aires. Nous croyons également inutile de rappeler sa compétence bien connue dans les questions d'enseignement, et de parler ici de ses nombreux travaux industriels dans lesquels il s'est toujours distingué. Quant à ses travaux relatifs à la musique et encore ignorés du public, ils sont considérables, et nos lecteurs pourront s'en former une idée générale quand nous aurons dit que dans l'espace de 11 années Mr. Frémond a écrit 31 volumes traitant de questions musicales (théorie et pratique de la musique, harmonie, orchestration, historique de sa notation, etc.) comprenant plus de 4000 pages et une grande quantité d'exemples.

A cela nous pouvons ajouter une dizaine de traités de sciences mathématiques et de dessin, ce dernier en cours de publication. Et tout cela rédigé pendant les moments de loisir, sans empiéter un instant sur ses nombreuses occupations journalières, ce qui parle assez haut en faveur de cet infatigable pionnier du progrès dont l'amour pour le travail n'a d'égale que sa grande modestie.

Quoique le sujet soit un peu aride pour le public, le travail de Mr. Frémond est toujours intéressant par suite de sa forme claire et concise, et de la logique qu'il apporte dans tous ses raisonnements où l'on reconnaît de suite l'influence des études mathématiques. La bonté de toutes ses innovations est discutée et prouvée jusqu'à l'évidence; les objections que l'on serait tenté de faire sont réfutées d'avance; les citations d'auteurs classiques abondent à l'appui de ses assertions; enfin, après la lecture de son *Exposé sommaire*, on ne peut pas rester convaincu que la réforme de la notation musicale s'impose absolument, et que la notation Frémond est d'une simplicité telle qu'avec son emploi les intelligences les plus réfractaires pourront apprendre la musique en beaucoup moins de temps et s'initier rapidement à la lecture des partitions que si peu de musiciens actuels sont capables de déchiffrer.

Ajoutons que le travail de Mr. Frémond est actuellement soumis à l'examen de la section de musique de l'Académie des Beaux-Arts de Paris dont il espère obtenir une opinion favorable. Dès que l'impression en sera terminée il sera également envoyé, dans le même but, aux notabilités musicales, sociétés savantes et principaux journaux de tous les pays du monde.

Il nous resterait beaucoup à dire sur ce sujet, mais l'espace nous manque et nous nous bornerons aux quelques indications ci-dessus, quitte à revenir plus tard sur cette intéressante question.

En signalant aujourd'hui les travaux réalisés par l'ingénieur A. Frémond nous n'avons d'autre but que de faire connaître à nos lecteurs un homme par trop modeste, que connaissent à peine ceux qui le connaissent le mieux, car bien rares sont ceux qui comme nous ont eu l'occasion et la satisfaction de se rendre compte de la somme de travaux réalisés, surtout en ces dix dernières années, par ce travailleur infatigable auquel nous demandons pardon de notre indiscrétion, espérant qu'il appréciera les motifs qui nous ont conduit à le commettre; car nous estimons qu'il est juste et nécessaire de faire connaître du public ceux dont la devise se réduit à ces deux mots: *Travail et Progrès* et qui consacrent le meilleur de leur existence à des ingrates recherches dont ils n'ont aucun espoir de profiter personnellement, mais dont ils espèrent faire profiter l'humanité tout entière. Noble idéal et nobles cœurs dignes du respect et de l'admiration de leurs contemporains!

Extrait et traduit du journal « LA NACION » de Buenos Aires, du 2 Août 1891[1]

REVUE MUSICALE

NOTATION ACTUELLE - NÉCESSITÉ DE SA RÉFORME

UN BON PROJET LA CONCERNANT

Projet de nouvelle notation musicale! En voilà une idée qui pour quelques-uns paraîtra étrange et n'éveillera qu'une vague curiosité: tandis que d'autres la dédaigneront, et qu'elle laissera absolument indifférente la plus grande majorité.

La facilité avec laquelle la musique nous divertit ou nous enchante, sans exiger de connaissances techniques, maintient la majorité de ses adorateurs complétement étrangère aux lois de cet art, à ses détails intimes, à son organisation générale.

Et en effet. Pourquoi chercher à connaître ses causes quand, après tout, l'on doit s'en tenir à ses effets que sont aptes à ressentir tous ceux.... qui le sont, c'est-à-dire ceux qui ont les oreilles équilibrées et l'âme régulièrement sensible.

Cette propriété que possède la musique de pouvoir plaire sans qu'il soit nécessaire de la connaître, propriété à laquelle elle doit sa popularité, est la cause de l'indifférence que l'on éprouve pour tout ce qui a rapport à sa technique, que l'on abandonne aux soins des gens du métier ou de ceux qui se livrent à la culture de cet art divin.

....

Il est certain qu'actuellement, avec son pouvoir magique, irrésistible, comme tout ce qui est spirituel, on l'a jugée plus noblement, et ses privilèges se sont étendus jusqu'à la faire considérer non plus seulement comme une sœur, mais bien comme la reine de tous les arts, à concentrer en elle tout le culte social, et à la constituer en perpétuelle apothéose.

Mais dans cette réaction générale en faveur de la musique il y a encore beaucoup d'apparences, beaucoup d'envie de faire montre d'érudition, de couvrir d'une couche spirituelle la réalité matérielle de notre fond; il y a même beaucoup de frivolité, de mollesse, de volupté. Nous aimons la musique parce que, à part les raisons de bon ton, elle nous procure une jouissance facile et commode sans exiger de nous aucune préparation intellectuelle, sans nous tirer de notre molle apathie, sans nous demander, à l'égal de la courtisane, autre chose que notre argent; et nous la lui jetons sans compter, sans marchander, à poignées, comme à la courtisane. Oui! Il y a encore plus de relâchement que de culte véritable dans la moderne déification de la musique.

Il est évident que les choses suivront toujours le même chemin car on ne peut songer à convertir la Société entière en un conservatoire. Mais sans lamenter ni censurer le fait, nous le consignons.

*
* *

C'est pour cela que nous avons pu pressentir en commençant que le nombre serait restreint de ceux qui seraient capables d'apprécier la gravité, la transcendance, d'une réforme de la notation musicale actuelle.

Ceux qui n'ont aucune idée de celle-ci s'imaginent probablement qu'elle est si simple que ce serait perdre son temps que de chercher à la réformer.

Elle est simple, en effet, surtout si on la compare avec les systèmes précédents; mais non jusqu'au point que pourraient se l'imaginer ceux qui ne la connaissent qu'imparfaitement.

Et vous, musiciens et amateurs, qui appelez si bien la musique *langue universelle*, et par cela même la jugez à la portée de tous. Savez-vous ce qu'elle est et ce qu'elle a de facile et de compréhensible cette *langue universelle* quand au lieu de l'entendre il faut la lire?

L'ignorance vous rend logiques, et à force d'entendre dire que cette langue de *tout le monde* n'est formée que de sept sons, vous vous êtes imaginé que sa représentation graphique devait comprendre seulement sept signes, ou, si l'on veut, sept positions d'un signe ou note sur la portée. Comment alors ne pas apprendre en cinq minutes ces sept notes ou positions? *Do, ré, mi, fa, sol, la, si!* Çà y est; déjà vous êtes savants! Oui n'est-ce pas? Eh bien préparez-vous!

....

Mais arrêtons-nous. Que ce que nous venons de dire suffise pour que le lecteur, s'il n'a pas été abasourdi par ce jargon, s'imagine les facilités qu'offrira dans le cours de ses applications cet inextricable système qui paraît se baser plutôt sur l'exception que sur la règle; qui préfère la complication à la simplicité; qui pour nous enseigner à parler une langue appelée *unique et universelle* nous en fait apprendre au moins trente; et qui, malgré cela, n'est pas arrivé à doter d'une langue exacte tous les passages, car il y en a beaucoup dont la représentation est fausse et qui correspondent à une quinte, une octave, et jusqu'à une seizième au-dessus ou au dessous de ce qui est écrit; et cela existe non parce que les instruments sont transpositeurs, mais bien à cause de l'impossibilité où l'on se trouve d'écrire leur partie intelligiblement, comme il arrive par exemple avec la contrebasse et la petite flûte dont les parties doivent être écrites respectivement une octave plus haut ou plus bas que celle réellement produite, afin de rendre lisible leur notation et en économisant quelques lignes additionnelles; système enfin qui ressemble à une espèce de noviciat plutôt institué pour éprouver la patience ou la vocation du débutant que pour le rendre le plus tôt possible apte à l'exercice ou à la jouissance de cet art, moitié divin, moitié diabolique.

*
* *

(1) Vu la longueur de l'article suivant dû à la plume du réputé critique musical *Enrique Frexas*, nous ne pouvons en reproduire que une partie (la moitié environ), laissant de côté les passages d'un intérêt moins immédiat, ainsi que ceux qui ont rapport aux descriptions des systèmes de notation, qui feraient double emploi avec celles du présent « Exposé » ou n'y seraient plus conformes par suite des modifications introduites pendant ces dernières années.

C'est donc avec raison que depuis longtemps on voit se multiplier les tentatives de réforme de la notation actuelle que l'on propose de substituer par d'autres systèmes, plus ou moins ingénieux et pratiques, mais qui jusqu'à présent n'ont pu réussir à s'implanter. Seule la notation chiffrée qui date déjà de loin, et qui fut proposée par Jean Jacques Rousseau et perfectionnée depuis par Pierre Galin d'abord, et plus tard par Paris et Chevé, seule, disons-nous, elle a réussi à obtenir une certaine vogue et à se faire accepter, bien qu'elle soit insuffisante et seulement applicable avec avantage à la musique vocale, raison pour laquelle elle a été adoptée par un certain nombre de Sociétés chorales.

La tâche que se sont imposée les réformateurs n'est d'ailleurs pas des plus faciles, et c'est avec la plus grande réserve et méfiance que sont accueillies leurs inventions qui sont la plupart du temps, ou le produit malsain d'une hallucination monomaniaque, ou, s'ils contiennent quelque chose de bon, renferment par contre des inconvénients pires que ceux que l'on se propose d'éliminer.

Mais cela ne doit pas empêcher de prendre en considération les efforts qui se font dans ce sens, surtout lorsqu'au lieu de beaucoup de chimérique ils contiennent beaucoup de raisonné, d'ingénieux et de pratique, comme il arrive à notre avis, avec le projet qui fait l'objet de cet article, et auquel nous adhérons tout au moins en principe.

Il n'est pas l'œuvre d'un musicien de profession; mais ce fait qui paraît anormal est au contraire courant dans l'histoire des inventions, et ne manque pas de logique dans le cas présent. Pour entreprendre sans contemplations, sans scrupules de routine, et sans souci des habitudes prises, la transformation complète du système actuel de notation, il faut un esprit non-seulement vigoureux, mais encore indépendant, audacieux, libre de toute préoccupation et de l'attachement qu'engendre toute longue pratique.

Peu importe donc que l'inventeur soit un ingénieur et non un musicien de profession! Quand lui vint l'idée de réforme, il y a déjà 5 ans (en 1886), il connaissait cependant la musique, mais juste le nécessaire pour se distraire en jouant du violon. Il fut alors choqué des nombreuses difficultés, non toujours justifiées, dont se trouvait hérissée et surchargée l'écriture musicale, ce qui le conduisit à méditer et à changer en profonde étude ce qui n'était pour lui qu'une simple distraction apportée à des occupations scientifiques très-différentes; et il finit par devenir, au moins théoriquement, un musicien consommé et en condition de réaliser une réforme sérieuse, réellement avantageuse, et bien adoptée à toutes les exigences et les complications de l'art musical.

C'est ainsi qu'il put élaborer un système complet de nouvelle notation, dans lequel la simplification tant désirée est obtenue pour toutes les nécessités de l'art, sans exceptions ni restrictions comme celles qui aujourd'hui rendent si difficile la parfaite et rapide connaissance de la pratique et de la théorie musicale.

....

⁕

Maintenant, comme fait complémentaire pouvant démontrer le soin extrême avec lequel Mr. Frémond a procédé, tant pour s'assurer lui-même de la bonté de son système que pour le démontrer aux autres, nous ajouterons que, complètement conforme à sa méthode, il a écrit un Traité élémentaire de Musique, théorique et pratique, un Traité d'harmonie et de composition, un troisième Traité d'instrumentation et d'orchestration, tous en français.

De plus, nous avons à la vue deux morceaux manuscrits, écrits dans les deux modes de notation, et dont l'un n'est rien moins que la partition de la *Bénédiction des Poignards*, des Huguenots. Peu d'instants d'attention nous ont suffi pour lire presqu'à première vue la nouvelle notation, et nous rendre compte de l'intonation et des valeurs.

Avec des documents aussi probants, le laborieux inventeur est bien préparé contre les objections qui lui seront probablement faites. *E pur si muove*, pourra-t-il répondre laconiquement en signalant ses Traités. Le plus triste c'est qu'il n'aura peut-être même pas de contradicteurs, parce qu'à *priori* on traitera d'utopique son invention; et s'il vient à en avoir il pourra peut-être arriver à les faire taire mais non à les faire céder. C'est toujours la même histoire! Elle est si énorme la masse des *intérêts créés* qu'il faudrait détruire ou supplanter! Le mauvais que l'on connaît ne paraît-il pas toujours préférable au bon que l'on doit apprendre à connaître!

Pauvre Mr. Frémond! Ses fatigues, ses longues études, ses travaux patients, sont un grain d'anis à côté de la *via crucis* qui l'attend. Il a cru avoir fini et il n'a pas encore commencé!

C'est d'ailleurs ce à quoi se résigne le même Mr. Frémond qui possède un jugement très-clair, rehaussé par cette simplicité et sincérité tant inséparables du véritable talent, et qui ne se dissimule pas que même dans les conditions les plus favorables à son invention il faudra au moins deux générations pour que son système de notation reste complétement établi.

....

Tout dépendra de ce que fera cet ingénieux réformateur pour la propagation et la diffusion de son projet, pour lesquels il devra déployer la même habileté que pour son élaboration. Et, que diable! Qui sait si ce ne sera pas de ce nouveau monde que sortira la nouvelle idée qui doit donner à tous le libre accès à l'art musical, en le délivrant de l'espèce de séquestre dans lequel le retient aujourd'hui un système embrouillé, tombant de vétusté, legs du scholasticisme, et qui est destiné à disparaître un jour ou l'autre si le Progrès existe réellement.

Mais que l'on ne se méprenne pas sur nos intentions. Loin de nous la pensée de déprécier notre système actuel de notation pour la seule raison qu'il est vieux; et nous reconnaissons volontiers le progrès immense qu'il a réalisé sur le chaos des anciens systèmes, et auquel est dû le développement colossal de la musique dans les temps modernes; de même que représentèrent également un progrès les neumes, la notation numérique et la notation alphabétique que remplaça la notation actuelle.

Mais sans méconnaître la gloire qui appartient à Saint Grégoire, à Guido d'Arezzo et à leurs continuateurs pour l'œuvre qu'ils nous ont laissée, il est permis de prétendre qu'elle ne peut se perpétuer en empêchant tout perfectionnement, et de penser que quelques gloires ne peuvent fermer le pas à d'autres. Et puis, après tout, la base fondamentale de l'œuvre de Guido reste debout comme base du système musical moderne.

Courage donc, Mr. Frémond! Peut-être votre œuvre est-elle appelée à en finir avec les profanes de l'art divin!

ENRIQUE FREXAS.

Avis au Lecteur

L'Art musical peut se prêter à 3 genres de Réformes bien distinctes: celle de la *Notation*, celle de l'*Harmonie*, et enfin celle de l'*Instrumentation*.

J'aborde aujourd'hui la première de ces Réformes.

C'est sans aucune prétention que je soumets à l'appréciation du Public le résultat de mes travaux, fruit de longues, patientes, et laborieuses recherches entreprises et continuées dans le but de faciliter les études musicales, en les mettant, par leur simplicité, à la portée du plus grand nombre.

Ai-je réussi dans ma tâche? Je le crois; et j'espère que le Public, grand juge en ces matières, partagera mon opinion et m'encouragera par son appui à poursuivre l'œuvre commencée.

Quoiqu'il en soit, il me restera la satisfaction d'avoir fait un effort en faveur du Progrès, qui, en musique comme dans toutes les autres branches de l'activité humaine, doit tôt ou tard vaincre les résistances qu'il rencontre et marcher à pas de géant vers l'idéal auquel il aspire sans cesse.

Le présent *Exposé*, d'ailleurs des plus succincts, a été rédigé dans le but de faire connaître rapidement aux personnes déjà familiarisées avec la musique, les Principes de mon nouveau mode de notation musicale.

Il sert d'Introduction à mon *Traité élémentaire de musique*, théorique et pratique, dans lequel on trouvera tous les développements que comporte et que nécessite la connaissance de cet art, et que je me suis efforcé de rendre le plus complet et le plus clair possible, tant au point de vue théorique qu'au point de vue pratique.

Il est possible qu'en prenant connaissance du présent *Exposé*, qui pose les bases générales de ma nouvelle notation, il se rencontre des personnes qui cherchent à faire encore mieux, et qui, peut-être, croiront découvrir certaines dispositions ou signes nouveaux leur paraissant, *au premier abord*, plus commodes ou plus rationnels.

Ces recherches sont d'ailleurs toutes naturelles et je ne puis que les encourager; mais je crois devoir mettre en garde contre l'enthousiasme *prématuré* que pourrait provoquer la découverte de certains signes ou combinaisons; car en étudiant la question de plus près on se verra probablement bien vite dans la nécessité de les abandonner. Pour ma part, je l'avoue, celà m'est arrivé maintes fois, et j'ai perdu de ce fait beaucoup de temps en recherches et essais inutiles, ainsi que le témoignent les innombrables pages d'essais de toutes sortes que j'ai conservées pour établir l'historique détaillé de ma notation.

On comprendra d'ailleurs facilement que je ne puisse, dans ce court *Exposé*, donner toutes les raisons qui m'ont conduit à adopter ou rejeter telle ou telle forme ou disposition de notes, portées, chiffres, signes divers, etc. Cela formerait la matière d'un volume. Aussi me contenterai-je seulement d'en faire connaître les principales.

Enfin dans l'intérêt de l'Art musical en général, je serais très reconnaissant aux personnes qui prendront connaissance du présent ouvrage de bien vouloir me communiquer, non-seulement l'impression qu'il leur aura produite, mais encore les observations qu'elles jugeraient opportun de faire, sous quelque rapport que ce soit.

Je serais également reconnaissant à Messieurs les membres de la Presse qui me feraient l'honneur de publier des critiques, *favorables ou non*, relativement à ma nouvelle notation, de bien vouloir m'en faire adresser un ou deux exemplaires, ou tout au moins m'en donner connaissance.

A tous, *partisans ou non de la Réforme proposée*, j'adresse d'avance mes plus sincères remerciements.

A. Frémond.

Buenos Aires, Novembre 1897.

NOTA.—Prière d'adresser toutes les communications, affranchies, à:

Mr. A. Frémond, *Ingénieur, à* **Buenos Aires**

(République Argentine).

CONSIDÉRATIONS GÉNÉRALES SUR LA NOTATION ACTUELLE

La Musique est une science et un Art: comme *science* elle enseigne à représenter et à combiner les sons, soit successivement, soit simultanément, de façon à exprimer les sentiments qu'éprouve notre âme; comme *Art* elle permet de reproduire ces sons avec le plus de perfection possible, soit au moyen de la voix, soit à l'aide d'un instrument quelconque.

La Musique a souvent été comparée à une langue, et certes aucune comparaison ne saurait être plus juste. On pourrait même ajouter qu'elle est la langue par excellence. C'est en effet celle qui est la plus répandue, étant presqu'universelle; c'est celle qui produit le plus de charme; et, de toutes les langues, c'est la seule qui puisse faire entendre à la fois plusieurs discours sans qu'il y ait la moindre confusion, chacun d'eux concourant au contraire à former un tout des plus agréables à entendre.

Puisque la Musique est une langue il faut donc chercher, comme pour toutes les autres, à la lire et à l'écrire correctement.

Or il faut malheureusement le reconnaître, la lecture courante de la Musique n'est encore le privilège que d'un bien petit nombre de personnes, surtout s'il s'agit de partitions ou de morceaux écrits avec plusieurs *Clefs* ou avec plus de 2 ou 3 lignes supplémentaires.

Bien plus rares encore sont celles qui peuvent, au moyen de l'écriture, traduire leurs idées, leurs pensées musicales, ou celles qui leur sont dictées par une autre personne.

Toutefois, au point de vue général de l'Art musical, il est certainement plus important de savoir bien lire la Musique que de pouvoir l'écrire, attendu que la plupart des personnes qui se livrent à cet Art n'ont d'autre ambition que de pouvoir lire couramment un morceau de musique quelconque, de façon à le chanter ou à le jouer sur un instrument, soit seules, soit avec d'autres personnes; ou bien encore de se rendre compte d'une œuvre musicale, comme un Opéra par exemple, et pouvoir en suivre et apprécier l'exécution au moyen de la partition.

Dans ces divers cas, il suffit de pouvoir lire couramment la musique et saisir facilement les relations qui existent entre les différentes parties.

Or avec le mode actuel de représentation des sons, la lecture musicale présente d'assez grandes difficultés qu'on finit, il est vrai,. par vaincre à force de travail et de patience, mais qui font perdre aussi un temps précieux, surtout dans l'enfance où l'intelligence est si bien disposée à s'approprier tout ce qu'on veut lui faire apprendre, et cela d'autant plus facilement qu'on le lui présente d'une façon plus claire et plus précise.

Plus tard ces difficultés semblent naturelles; et l'on ne se rend pas compte du temps qu'il a fallu dépenser et de la patience qu'il a fallu avoir pour les surmonter.

Ces difficultés paraissent surtout bien plus grandes aux adultes qui veulent se consacrer à l'étude de la Musique.

Les premières notions, qui comprennent l'étude de la *Clef* de *Sol*, et ne dépassent guère l'étendue indiquée ci-contre, ne présentent par le fait pas de difficultés; mais si, lorsque l'élève est arrivé à lire les morceaux écrits dans ces conditions, se figurant déjà être musicien.

on lui présente un morceau avec 4 ou 5 lignes supplémentaires, alors commence pour lui l'ère des difficultés, et il est obligé de se livrer, pour trouver le nom des notes, à des calculs et à des efforts d'imagination qui commencent à jeter dans son esprit un certain trouble, et lui donnent un avant-goût des difficultés d'exécution qui l'attendent.

Lorsqu'ensuite on lui présente un morceau écrit en *Clef de Fa*, il est complètement dérouté; il n'y voit pour ainsi dire plus rien, et pour pouvoir arriver à *déchiffrer* ce morceau il est obligé de recommencer à apprendre une autre langue, ayant il est vrai avec la première des points de ressemblance, mais pour l'étude de laquelle il est néanmoins obligé de dépenser un temps assez long encore, à moins que le découragement ne commençant là le fait pas de la prendre, et ne possédant pas le feu sacré nécessaire pour le surmonter, il n'abandonne là ses études et ne se contente de ce qu'il sait.

Mais supposons qu'il surmonte l'obstacle et se remette courageusement à l'œuvre. — Il sait déjà lire couramment les morceaux écrits avec les *Clefs* de *Sol* et de *Fa*. Il est donc en mesure de *déchiffrer* la plupart des morceaux de musique, mais non pas tous. Pour s'en convaincre il lui suffira d'ouvrir une Partition quelconque d'orchestre où il rencontrera les *Clefs* de *Do*, qui le dérouteront encore une fois complètement. Et s'il veut comparer ensemble les différentes parties de la Partition pour se rendre compte de leurs relations, il se heurtera à des difficultés presqu'insurmontables pour lui.

A l'appui de cette assertion il me suffira de citer les lignes suivantes que je relève dans la seconde partie du «*Manuel musical de Wilhem*», l'ardent vulgarisateur de la musique en France, dans la première moitié de ce siècle *(page 78, 9e édition, 1857)*:

« Les compositeurs de Musique emploient dans leurs partitions des *Clefs* différentes pour que les parties vo-
« cales et instrumentales soient écrites à leur véritable degré d'acuité ou de gravité. Ainsi quoique l'on grave
« souvent avec *Clef de Sol* les *Airs détachés* de *Ténor* et de *Contralto, il ne faut pas moins en venir à la lecture réelle*
« *des diverses positions de la Clef de Do si l'on veut jouir de la lecture des Partitions* ».

Ainsi donc notre élève se verra obligé d'apprendre les *Clefs* de *Do*. Or il en a 4 différentes. Belle perspective pour quelqu'un qui n'a quelquefois qu'une ou deux heures à dépenser par jour après son labeur quotidien, et qui voudrait faire un peu de musique pour se distraire. C'est donc 4 langues différentes qu'il lui faudra apprendre, ce qui, malgré tout ce que l'on pourra dire, entraîne forcément à un travail assez long et assez pénible. Et afin que l'on ne puisse, comme réformateur, me taxer d'exagération, je me permettrai encore de citer le passage suivant extrait de l'excellent ouvrage «*Principes de Musique*», de Mr. *Savard (Edition de 1875, page 55, renvoi 2:)*

« L'abandon plus ou moins absolu de certaines positions de *Clefs* est d'autant plus fâcheux que l'élève n'est
« pas pour cela affranchi d'apprendre *toutes les Clefs*, puisque la connaissance en est *indispensable* pour pratiquer
« la transposition; tandis que la rareté ou le défaut de leur emploi dans la musique qu'on a journellement sous
« les yeux est un obstacle à ce qu'on les lise aussi rapidement que celles dont l'usage a été conservé pour l'é-
« criture musicale. »

Eh bien, en vérité, il faut avoir du courage à revendre pour qu'arrivé à un âge où l'on n'a plus tant de facilité pour apprendre, on continue ces études jusqu'au bout. Je ne parle pas bien entendu, des études spéciales qui doivent être faites pour apprendre à connaître l'Harmonie et l'Orchestration; ce sont là des études supérieures que n'entreprennent guère que ceux qui se destinent à la composition musicale ou à la direction des orchestres; et en ce moment je ne me place qu'au point de vue de la grande majorité, c'est-à-dire de ceux qui considèrent la musique comme une distraction, et ne l'envisagent que sous le rapport de l'exécution et non de la composition.

À l'appui de ce que je viens de dire il me suffira de citer un exemple.

Parmi les personnes qui pratiquent la musique, considérons les membres des Sociétés chorales et instrumentales qui sont devenues si nombreuses en ces dernières années. Eh bien, un grand nombre de ces membres ne sait lire la musique qu'en Clef de Sol si leur voix ou l'instrument qu'ils cultivent exige l'emploi de cette Clef; ou bien en Clef de Fa, si c'est cette Clef qui leur est nécessaire; et parmi ceux qui connaissent ces deux Clefs il y en a beaucoup qui seraient déroutés si, pratiquant habituellement la Clef de Sol, par exemple, ils avaient à lire à première vue un morceau écrit en Clef de Fa, ou vice-versà.

Presque tous d'ailleurs ne connaissent que juste ce qu'il faut des Principes de la Musique, parce que tout le temps qu'ils avaient à consacrer à cette étude a été employé à apprendre à lire couramment et à vaincre les difficultés que j'ai signalées.

Ceux qui ont commencé dès le jeune âge l'étude de la musique, et c'est le cas de la plupart des bons musiciens, ne se rendent pas aussi bien compte des difficultés que cette étude présente; mais cependant elles existent, et sans elles ils auraient pu apprendre la musique beaucoup plus vite, et consacrer le temps ainsi économisé à augmenter leurs connaissances musicales, soit en travaillant l'harmonie et la composition, soit en se familiarisant avec les instruments, de façon à obtenir encore une meilleure exécution.

L'ancienne Notation présente donc, pour l'étude et l'exécution de la musique, de grandes difficultés qui nuisent beaucoup au développement de cet Art, pourtant goûté par tout le monde, car bien rares sont les personnes sur lesquelles la musique ne produit aucun effet, quel que soit le genre dans lequel elle se trouve employée.

Ainsi que nous l'avons déjà vu, ces difficultés proviennent principalement des différentes causes suivantes:

1o.—Changement de position des Notes sur la Portée, en passant d'une octave à l'autre, ainsi que le montre l'exemple ci-dessous.

Le 1er Do est au-dessous de la Portée, sur la première ligne supplémentaire; le 2ème Do est sur la Portée, entre deux lignes; enfin le 3ème Do est au-dessus de la Portée, sur la 2ème ligne supplémentaire.

2o.—Nouveaux changements de position des Notes sur la Portée par suite de l'emploi des différentes Clefs, comme le montrent les exemples suivants:

Toutes les Clefs indiquées ci-dessus sont employées dans l'ancienne Notation pour la transposition. Les deux premières sont presque constamment employées pour l'écriture des morceaux de musique. Enfin les Clefs de Do 4ème ligne, 3ème ligne, et 1ère ligne, sont souvent employées pour l'écriture des morceaux de chant ou des parties instrumentales.

Il résulte de cet emploi des Clefs, que chaque note de la gamme occupant pour chaque Clef, au moins 3 positions différentes dans l'étendue d'une portée et des 2 ou 3 lignes supplémentaires qui l'accompagnent généralement, il faut connaître pour chaque note: 3 fois 7, ou 21 positions différentes; et comme il y a 7 notes dans les mêmes conditions, il faut donc connaître et retenir au moins 21 fois 7 ou 147 positions différentes de notes. C'est beaucoup trop. Aussi peut-on dire que ce mode de représentation n'est pas à la portée du plus grand nombre.

Ajoutons que l'usage de ces Clefs pour la transposition est encore compliqué par leur emploi dans l'écriture des morceaux.

3o.—La troisième difficulté consiste dans l'Emploi des lignes supplémentaires ajoutées au-dessus et au-dessous de la portée, et qui, surtout lorsqu'il y en a 4 ou 5, rendent la lecture plus difficile, et presqu'impossible pour ceux qui n'ont pas une longue pratique, et qui ne font pas de la musique une profession. Et encore, parmi ces derniers y en a-t-il que la lecture des notes sur 4 ou 5 lignes supplémentaires embarrasserait beaucoup.

Mr. Fétis, un des plus savants musiciens de notre époque, s'exprime ainsi à ce sujet dans son traité «Principes de Musique» (page 10):

« On peut juger de l'embarras que cause pour la lecture l'emploi des lignes supplé‹mentaires, par l'exemple « suivant qui ne renferme pourtant que les notes de 3 octaves:

C'est pour éviter l'emploi d'un trop grand nombre de lignes supplémentaires, qu'on en a été réduit à écrire les parties de la Petite Flûte une octave plus bas que les notes produites en réalité par l'instrument. De même, les parties de Contrebasses, à cordes ou en cuivre, s'écrivent une octave plus haut que les notes réelles données par ces instruments. Et cependant, malgré ces artifices on est encore forcé d'employer pour les parties des petites Flûtes et des Contrebasses, 3 ou 4 lignes supplémentaires.

Ajouterai-je que ces conventions ne servent qu'à embrouiller et à provoquer des erreurs dans l'orchestration des morceaux, surtout lorsqu'on ne possède pas une longue pratique.

4º.—Enfin, dans l'ancienne Notation, les valeurs de **Durée** des **Notes** et des **Silences** sont représentées par **14 Signes différents** qui ont le grave inconvénient de ne pas toujours avoir la même signification.

Ainsi par exemple, dans la mesure à 2 temps la croche vaut $\frac{1}{2}$ temps, tandis que dans la mesure à $\frac{3}{2}$ qui se bat à 3 temps, elle vaut 1 temps; et dans la mesure à $\frac{6}{8}$, qui se bat à 2 temps, elle ne vaut que $\frac{1}{3}$ de temps.

Et de même pour les autres notes et silences.

De plus, par une bizarrerie inexplicable, les noms indiquant les valeurs de certaines notes expriment une valeur contraire à la valeur réelle de la note.

Ainsi, pour ne citer qu'un exemple de ces anomalies, n'est-il pas bizarre de dire que la moitié d'une croche s'appelle «double croche», tandis qu'on enseigne en arithmétique que si l'on divise une pomme en 2 parties égales, chaque partie sera une demi-pomme, et non une double pomme.

On dira peut-être: On a appelé la demi-croche «double croche» parce que le signe qui représente cette valeur porte deux crochets sur la queue verticale ♫ tandis que la croche n'en porte qu'un: ♪ ; mais alors on aurait dû appliquer les mêmes dénominations aux fractions de soupir puisqu'elles portent aussi respectivement 1, 2, 3, et 4 crochets sur la queue.

On a été plus logique pour la dénomination des silences et l'on a appelé «demi-soupir» le silence valant la moitié d'un soupir; «quart de soupir» celui qui équivaut à un quart de soupir, etc.; tandis qu'on appelait «triple croche» la note dont la valeur n'était que d'un quart de croche, et «quadruple croche» celle qui avait pour valeur un huitième de croche.

Il est même étrange que ces dénominations aient été maintenues si longtemps, d'autant plus que cette réforme était des plus faciles à opérer.

Ainsi donc, l'ancienne Notation est beaucoup trop compliquée pour permettre à la Musique de prendre un développement en rapport avec le goût qu'elle inspire.

Cela est si vrai que dès 1742 **Jean-Jacques Rousseau** proposait, pour la simplifier, de représenter les notes par des chiffres (1).

Cette idée fut développée considérablement et mise en pratique en 1818 par **Galin**, qui publia le premier Traité méthodique de musique chiffrée.

Cette méthode améliorée et propagée depuis par messieurs **Paris** et **Chevé**, a eu et a encore de chauds et nombreux partisans.

Mais si la Notation chiffrée constitue un sérieux progrès comparativement à l'ancienne Notation, elle ne peut malheureusement être employée dans tous les cas et ne peut répondre à toutes les exigences de la musique moderne.

Et s'il est vrai que cette Notation présente une grande facilité pour l'écriture des mélodies et les démonstrations théoriques, l'on est forcé de reconnaître qu'elle ne se prête pas à la représentation claire et facile d'une harmonie un peu compliquée, surtout lorsqu'il s'agit de compositions instrumentales.

Aussi, malgré les grands et persévérants efforts qui ont été faits depuis 50 ans pour la propager, n'a-t-on pu réussir à la faire adopter comme **Notation générale**.

D'ailleurs les initiateurs et les partisans les plus dévoués de la notation chiffrée ne tardèrent pas à se convaincre de cette difficulté; aussi l'emploient-ils de préférence pour faciliter les études de solfège et comme préparation à l'étude de l'ancienne Notation (2).

Cependant, malgré ses inconvénients, la Notation chiffrée présente, surtout pour les études de solfège et de chant, une grande simplicité et de nombreux avantages qui l'ont fait adopter par un certain nombre de Sociétés orphéoniques, ainsi que pour l'enseignement du solfège dans de nombreuses écoles publiques et particulièrement de différents pays.

D'autres systèmes de Notation musicale, plus ou moins ingénieux, ont été imaginés depuis un siècle pour remplacer la notation usuelle, mais aucun, à part la notation chiffrée, n'a pu se maintenir, pour la raison bien simple que, sous prétexte d'éviter des difficultés, on en créait de nouvelles, quelquefois pires que les anciennes (3).

Frappé des difficultés que présentait l'ancienne notation, je cherchai, dans le cours de l'année **1886**, à les vaincre et à simplifier la notation musicale. Au mois de Septembre de cette même année j'arrêtai les premières bases du nouveau mode de notation, et le 22 Novembre je terminai le 1ᵉʳ **Exposé** de mon système.

C'était, je dois le reconnaître, encore bien imparfait, mais enfin l'idée principale y était exprimée. D'ailleurs il s'agissait surtout de prendre date.

---

(1).—L'idée de représenter les sons musicaux par des chiffres remonte même beaucoup plus haut. En effet, d'après Mr. LUSSY, l'idée d'écrire la Musique en chiffres doit être attribuée au PÈRE SOUHAITTY, des Franciscains de Paris, qui fit connaître en 1677, sa Méthode appliquée au plain-chant. D'après Mr. DOUEN, la Musique chiffrée aurait même été inventée en 1561, par PIERRE DAVANTÈS, ami de CALVIN, et dès cette époque elle aurait été employée pour les chants protestants.

(2).—Mr. CHEVÉ l'a également employée d'une façon très-ingénieuse pour établir sa théorie des Intervalles et des Accords. (Voir son "Traité élémentaire de Musique" et sa "Méthode d'Harmonie."

(3).—Voir l'Histoire de la Notation musicale par DAVID et LUSSY (Chapitre V, du livre VII).

Quelques jours après je modifiai profondément mon travail, et cette transformation qui simplifiait beaucoup la notation que j'avais adoptée primitivement fit l'objet d'un **2ème Exposé** que je terminai le 8 Décembre 1886.

Me basant sur ces nouvelles données, j'entrepris alors la rédaction d'un **«Traité élémentaire de Musique»** d'après les principes de mon nouveau mode de Notation, ce qui me procura l'occasion d'apporter encore quelques modifications reconnues nécessaires ou plus pratiques.

Ce Traité ne fut terminé qu'au mois de Mai 1887, mes occupations journalières ne me permettant de consacrer à la Musique que quelques heures par jour, prélevées d'ailleurs sur mes heures de repos.

La terminaison de ce travail me laissant un peu de répit, je commençai à jeter les bases de deux autres ouvrages: **«Traité d'Harmonie et de Composition musicale»**, et **«Traité d'Instrumentation et d'Orchestration»**, car je tenais à m'assurer qu'aucune difficulté ne pourrait m'arrêter par la suite, et venir détruire le système que j'avais édifié.

Bien m'en prit, car ce travail me fournit l'occasion de nouvelles améliorations, en même temps que je reconnaissais de plus en plus le bien fondé de mes travaux, ce qui m'encourageait à persévérer dans la voie que j'avais suivie.

J'arrivai ainsi à la fin de l'année 1887. Ma Notation me paraissait réunir les conditions de simplicité que j'avais cherché à réaliser, et je songeais déjà à la rendre publique, lorsque je pris la résolution d'étudier tout spécialement la Méthode de **Notation chiffrée** dont je n'avais eu jusqu'alors qu'une idée vague.

Ce qui me frappa surtout dans cette nouvelle étude, ce fut le mode de représentation des durées, proposé par **Galin** en 1818, et qui a toujours été employé depuis pour la musique chiffrée.

Ce mode de notation des **Durées**, n'employant que 3 signes pour représenter toutes les durées des **sons** et des **silences**, et de plus basé sur un système de division du temps plus logique que celui de l'ancienne notation; cette notation des durées, dis-je, me parut si simple que je l'adoptai immédiatement en l'appropriant à mon mode spécial de notation, ce qui m'obligea à recommencer de nouveau mon travail afin de le mettre en harmonie avec les nouvelles bases que je venais d'adopter.

Le **1er Mars 1888** je terminais un **Résumé** de mes nouveaux travaux, contenant les dernières améliorations et transformations opérées, et je recommençai la nouvelle rédaction de mon **Traité élémentaire**, tout en menant toujours de front celles de mes **Traités d'Harmonie et d'Instrumentation**.

Le **1er Mai 1889** je terminai le Traité élémentaire, mais je préférai attendre encore quelque temps pour le publier, afin de m'assurer que mon travail était arrivé au degré de perfection désirable pour être soumis au public et affronter avec succès les assauts qui lui seraient probablement livrés.

D'autre part, l'Exposition universelle de Paris pendant laquelle je me livrais exclusivement aux études industrielles, vint interrompre mes études musicales auxquelles je ne pus consacrer que de bien rares instants; et ce ne fut qu'en 1891 que je pus songer sérieusement à livrer au Public mon modeste travail qui fut divulgué le 2 Août de la même année dans le journal *La Nacion*, de Buenos Aires, dont le Feuilleton musical, entièrement consacré à cette question, en donnait une remarquable et consciencieuse analyse due à la plume du réputé critique musical, Dn. ENRIQUE FREXAS. (1)

—————

Cependant les nombreuses simplifications que j'avais apportées à l'ancien système de notation, et qui constituaient déjà une Réforme radicale de cette notation, ne satisfaisaient pas encore certaines personnes qui auraient désiré voir comprise dans la Réforme la suppression des dièses et des bémols, dont l'emploi présente d'assez grandes difficultés pour les demi-initiés à l'art musical.

Mais en matière de progrès il ne suffit pas de désirer une chose, et j'avais déjà depuis longtemps cherché à résoudre cette question sans pouvoir y arriver, car je me heurtais toujours à la position irrégulière des demi-tons dans la gamme diatonique, sans compter le nombre 7 des notes, difficultés qui m'entraînaient encore dans ma notation à des irrégularités qui, quoique sans grande importance, ne me satisfaisaient cependant pas complètement.

Or le hasard, qui dans l'histoire des découvertes joue un rôle si important, vint me servir en la circonstance.

Un de mes amis m'ayant fait connaître un nouveau système de piano (**système Janko**) dont le clavier a pour base la gamme chromatique, et duquel il était très-partisan, me demanda si je ne pourrais pas également prendre cette gamme pour base de mon système de notation (qu'il avait étudié en détail), ce qui dans le cas spécial du Piano Janko, pourrait faciliter beaucoup les études.

Cette idée me frappa et je me promis d'étudier la question.

Je me mis donc de nouveau à chercher d'autres formes et de nouvelles combinaisons de notes, vérifiant les résultats que ces nouvelles combinaisons produisaient dans les différents cas qui pouvaient se présenter; et au bout de quelques jours de tâtonnements divers j'obtenais le résultat cherché, (1er Avril 1893), en même temps que je résolvais le problème de la suppression des dièses et des bémols.

Point n'est besoin d'ajouter que l'adoption de cette nouvelle forme de ma notation eut. pour conséquence forcée la transformation de tous les exemples et d'une grande partie du texte des divers **Traités** dont j'ai déjà parlé, et que je devais mettre d'accord avec la nouvelle base adoptée, sans compter l'apprentissage auquel je dus de nouveau me soumettre afin de me familiariser moi-même avec la nouvelle notation.

J'employai deux années à ce nouveau travail de révision, ainsi que de recherche et de résolution des difficultés qui pouvaient se présenter; et ce ne fut qu'en Mai 1895 que je pus refaire un nouveau **Résumé** conforme à mes dernières améliorations.

Après de nouveaux essais comparatifs, je fus amené à changer de nouveau la forme des notes représentant les différentes octaves, adoptant définitivement, comme étant plus pratiques, celles qui sont indiquées ci-après.

—————

(1).—Voir page 4.

Enfin, dans le courant d'Août 1896, je transformai l'ancienne notation chiffrée de manière à la faire correspondre à ma nouvelle notation et la faire participer de tous les avantages de celle-ci; innovation importante qui permet d'écrire à volonté un morceau de musique soit au moyen de notes, soit au moyen de chiffres, et cela sans aucun surcroît d'études et aussi simplement qu'il puisse être possible d'imaginer.

J'espère que le lecteur voudra bien me pardonner d'entrer dans tous ces détails, que je ne consigne d'ailleurs ici qu'à titre de documents pouvant servir à l'histoire de la Notation musicale, et aussi pour bien faire ressortir que ce n'est qu'après de longues années d'études approfondies et comparées des divers systèmes de notations et du mien, que je me suis décidé à faire connaître mes travaux, évitant ainsi le reproche de légèreté généralement adressé aux innovateurs. Heureux encore quand on ne les traite pas de fous!

Avant de terminer ce petit historique, et dans le but de justifier les assertions du paragraphe précédent je me permettrai de présenter au lecteur la liste des Ouvrages concernant la Musique que j'ai rédigés pendant le cours des dix dernières années, et dont l'existence est témoignée par le certificat inséré à la page 1 du présent Exposé.

TRAITÉS DIVERS CONCERNANT LA MUSIQUE

ET RÉDIGÉS PAR

A. FRÉMOND

1° — **Grammaire Musicale**, ou Principes de Musique en notation usuelle et en notation chiffrée (actuellement employées).

2° — **Exposé sommaire d'une Réforme de la Notation musicale**. — Ouvrage exposant les bases de la Notation Frémond et discutant les avantages et inconvénients des divers systèmes de notation.

3° — **Principes de la Musique**. — Ces principes forment un résumé succinct du Traité élémentaire indiqué ci-après.

4° — **Solfège ou Exercices pratiques**. — Cet ouvrage qui ne contient que des exercices, forme le complément du précédent ainsi que du suivant.

5° — **Traité élémentaire de Musique, théorique et pratique**. — Ouvrage des plus complets en son genre.

6° — **Traité d'Harmonie et de Composition musicale**. — Ce traité dénué d'aridités et mis à la portée de tous, est rédigé suivant un plan méthodique, et renferme tout ce qu'il est nécessaire de connaître pour ce genre d'études.

7° — **Traité d'Instrumentation et d'Orchestration**. — Cet ouvrage indispensable aux compositeurs, chefs d'orchestres, directeurs de sociétés, artistes, etc., est également intéressant pour tous ceux qui s'occupent des questions musicales.

8° — **Historique de la Notation Frémond**, ou Exposé des premières bases de cette Notation et des modifications successives qui y ont été apportées.

NOTA. — Sauf le premier, tous les ouvrages indiqués ci-dessus sont basés sur la Notation Frémond.

Ils ont nécessité pour leur rédaction définitive la confection de 30 volumes, successivement modifiés et simplifiés, quelquefois même complètement transformés, et qui formaient déjà à la fin de l'année 1896 un total de 3600 pages. (Voir le certificat de la page 1.)

Plusieurs de ces ouvrages ont été révisés dans le cours de l'année 1897, et un nouveau volume traitant de l'Acoustique musicale a encore été ajouté à cette collection qui comprend actuellement 31 volumes avec 4000 pages de texte et une grande quantité d'exemples.

Nous en donnons la nomenclature à la page suivante.

TRAVAUX DIVERS
RELATIFS À LA
RÉFORME DE LA NOTATION MUSICALE
RÉDIGÉS PAR
A. FRÉMOND
PENDANT LE COURS DES ANNÉES 1886 À 1897

NUMÉROS D'ORDRE	ANNÉES	DÉSIGNATION	NOMBRE DE PAGES
1	1886 à 90	Historique de la Notation Frémond — N° 1	80
2	1890 à 93	,, ,, ,, N° 2	150
3	1893 à 97	,, ,, ,, N° 3	280
4	1886	Principes de la Notation Frémond. — (Copie originale cachetée).	20
5	1886	Méthode pratique de Musique. — (en ancienne notation).	95
6	1886	Exposé sommaire des principes et des avantages de la Notation Frémond.	25
7	1887	Nouvelle Méthode de Musique. — (en notation Frémond)	105
8	1887	Traité d'Harmonie. — (en ancienne notation). — 1ère Partie.	135
9	1887	,, ,, ,, ,, 2e Partie.	70
10	1888	Traité d'Instrumentation et d'Orchestration ⎰ 1e Partie.	150
11	1888	(en ancienne notation) ⎱ 2e Partie.	160
12	1888	2ème Exposé sommaire de la Notation Frémond	25
13	1888	Traité élémentaire de Musique. — (en notation Frémond)	240
14	1888	,, ,, ,, (Copie du précédent, avec modifications).	220
15	1888	Traité d'Harmonie et de Composition musicale ⎰ 1e Partie.	170
16	1888	(en notation Frémond) ⎱ 2e Partie.	190
17	1889	Traité d'Instrumentation et d'Orchestration. — ⎰ 1e Partie — N° 1	205
18	1889	(en notation Frémond) ⎱ 1e Partie — N° 2	185
19	1889	,, ,, ,, 2e Partie — N° 1	140
20	1889	,, ,, ,, 2e Partie — N° 2	130
21	1889	3ème Exposé sommaire de la Notation Frémond	45
22	1890 à 96	Statuts de la Société internationale de Musique	160
23	1891	4ème Exposé sommaire de la Notation Frémond	50
	1892 et 93	Révision et modification des Traités précédents	
24	1894	5ème Exposé sommaire de la Notation Frémond (complètement transformé).	40
25	1895	Nouveau Traité élémentaire de Musique (en notation Frémond)	310
26	1895	Solfège ou Exercices pratiques (en notation Frémond).	50
27	1895	6ème Exposé sommaire des principes et des avantages de la Notation Frémond	100
28	1896	Grammaire musicale (en ancienne notation).	120
29	1896	,, ,, (Anciennes notations : usuelle et chiffrée)	180
30	1896	Nouveaux exemples de l'Exposé sommaire de 1895 (Modifications).	40
31	1897	Eléments d'Acoustique musicale	140
		Total	4010

Soit : en 11 années, **31** volumes formant un total de **4000** pages environ.

BASES DE LA NOTATION FRÉMOND

Voyons donc maintenant les procédés que j'ai adoptés pour obtenir une représentation aussi simple qu'exacte des sons et des silences.

Les sons doivent être considérés sous deux points de vue différents:

1° : l'Intonation. — 2° : la Durée.

Voici comment je représente ces deux idées.

1° : INTONATION

J'adopte pour base de ma notation la *Gamme chromatique*, dans laquelle, comme on le sait, les notes se succèdent à distance de demi-ton; et je représente ces notes par des figures blanches et noires placées alternativement, et disposées sur une portée composée seulement de 3 lignes. Les notes sont placées sur cette portée suivant leur degré d'acuité, les plus graves en bas, les plus aiguës en haut.

D'autre part, afin de faciliter leur appellation dans la pratique, j'adopte, pour les différentes notes, les dénominations que j'avais déjà indiquées dans mon Traité élémentaire de 1887, regrettant de ne pouvoir expliquer dans ce court aperçu, les raisons qui me les ont fait adopter.

Je constitue donc ainsi la gamme suivante:

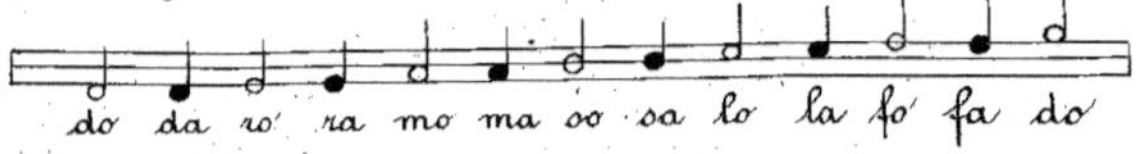

do da ro' ra mo ma so' sa lo la fo' fa do

qui correspond à la suivante, de l'ancienne notation:

do do# ré ré# mi fa fa# sol sol# la la# si do
réb mib solb lab sib

Comme on le voit, l'adoption de cette gamme réduit le nombre des notes fondamentales à 6 *(do, ro, mo, so, lo, fo)* au lieu de 7 employées anciennement *(do, ré, mi, fa, sol, la, si)*; car les notes: *da, ra, ma, sa, la, fa*, sont les mêmes que les précédentes haussées d'un demi-ton.

La gamme *diatonique* se trouve alors représentée comme il suit:

do ro' mo' ma sa la' fa do

Ainsi qu'on peut en juger, la position des demi-tons dans la gamme diatonique est indiquée à première vue, aussi bien par le changement de couleur des notes que par le changement de terminaison de leurs noms.

Quant à la *gamme mineure* elle se représente comme il suit:

1ère Forme

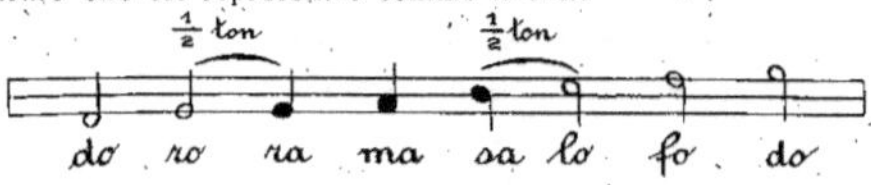

do ro' ra ma sa lo' fo' do

2ème Forme

do ro' ra ma sa lo' fa do

Remarquons que dans ces divers exemples la position des demi-tons est parfaitement déterminée, et que les divers intervalles peuvent se mesurer directement, à première vue, ainsi que nous le verrons plus loin.

Si nous décomposons la gamme diatonique majeure en ses deux tétracordes, nous obtenons:

1er Tétracorde

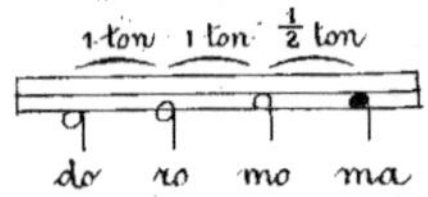

do ro mo ma

2ème Tétracorde

sa la fa do

14

Les différents intervalles qui entrent dans la composition de ces deux tétracordes sont parfaitement caractérisés, aussi bien par les couleurs des notes que par leurs dénominations; et l'on voit immédiatement que ces tétracordes sont absolument semblables comme composition.

Voyons maintenant les signes d'intonation que j'ai adoptés pour ma nouvelle notation chiffrée.

GAMME CHROMATIQUE

qui correspond à la suivante de l'ancienne notation chiffrée (Galin-Paris-Chevé):

La gamme diatonique se trouve alors représentée comme il suit:

La position des demi-tons est indiquée par l'addition ou la suppression de la barre qui traverse le chiffre, ainsi que par les changements de terminaison des noms de notes.

Nous pouvons en outre faire les remarques suivantes:

De même qu'il existe une différence de un ton entre deux notes blanches ou deux notes noires de ma nouvelle notation, de même entre deux chiffres barrés ou deux chiffres non barrés de ma notation chiffrée existe aussi une différence de un ton.

Pareillement: Entre deux notes de couleurs différentes qui se suivent existe une différence de ½ ton; de même entre un chiffre barré et un chiffre non barré existe la même différence de ½ ton.

Et pour mieux faire ressortir encore la parfaite coïncidence qui existe entre mes deux notations, par notes et par chiffres, il me suffira de représenter une même gamme diatonique écrite dans ces deux modes de notation.

Notation Frémond { par notes :

par chiffres :

Comme on le voit, les chiffres non barrés correspondent aux notes blanches, et les chiffres barrés correspondent aux notes noires.

Quant aux noms de notes ils restent les mêmes dans mes deux modes de notation.

Ainsi qu'on a pu le remarquer précédemment, ma nouvelle notation est basée sur le système dit **tempéré**, dans lequel les demi-tons sont supposés égaux, et qui sert de base pour la construction d'un grand nombre d'instruments de musique, en tête desquels je puis citer le *Piano*.

Bien que ce système ne soit pas rigoureusement conforme à la théorie physico-harmonique, son usage conduit à une telle simplification dans la pratique que je me suis décidé à l'adopter comme base de ma notation (1).

Cette innovation pouvant blesser les susceptibilités d'un certain nombre de musiciens, et surtout de théoriciens, je crois devoir m'étendre un peu sur ce sujet, qui a déjà fait l'objet de tant de débats contradictoires.

La question de grandeur des demi-tons est en effet depuis longtemps en discussion, et voici le système le plus généralement admis.

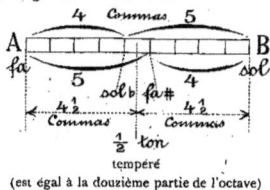

Si nous représentons par une longueur AB la différence d'intonation de un ton qui existe entre deux notes: *fa* et *sol*, par exemple, et que nous divisions cette longueur en 9 parties égales, le *fa♯* et le *sol♭* occupent sur la longueur AB les positions respectives indiquées sur la figure ci-contre; c'est-à-dire que l'intonation du *sol♭* est plus basse que celle du *fa♯* ; et la différence entre ces deux intonations est de un *neuvième de ton*, différence qui a reçu le nom de *Comma*.

(1). — Primitivement j'avais adopté 3 formes différentes pour une même note; ♩ = note naturelle; ♪ = note dièsée; et ♩ = note bémolisée; restant ainsi dans les conditions admises actuellement. Mais après mûres réflexions j'y ai renoncé, et, adoptant le système tempéré, je n'ai conservé que les deux premières formes.

Ces positions respectives du *fa* # et du *sol* b ont surtout été déterminées par ce fait: que lorqu'un artiste, chanteur ou instrumentiste, exécute un morceau dans le ton de *sol* par exemple, il est instinctivement porté à hausser la sensible *fa* # pour la rapprocher de la tonique *sol* qu'elle fait pressentir. D'où il résulte que, dans ce premier système, la valeur respective des demi-tons est en rapport avec celle que lui attribue le sentiment pratique et artistique des musiciens.

Un autre système consiste à supposer les demi-tons disposés de cette façon: *fa* *fa* # *sol* b *sol* ce qui paraît plus naturel, et plus conforme aux résultats obtenus par les physiciens pour l'évaluation numérique des intervalles. 4 *commas* 1 *comma* 4 *commas*

Mais alors il s'ensuit que dans le ton de *sol* par exemple, le *fa* # qui est la sensible, est plus loin du *sol* que la tonalité fait pressentir, que du *fa* duquel il tend à s'éloigner, ce qui est illogique.

Enfin un troisième système consiste à supposer que les deux demi-tons sont égaux, et que par conséquent *fa* # et *sol* b ne forment qu'un même son, ainsi qu'on l'a admis pour les instruments dits à tempérament.

Les partisans de ce système disent que ce qui fait la propriété et nécessite l'emploi graphique du # ou du b c'est l'ordre des idées qui les amène, et non la tendance physique du son; que si l'oreille exigeait l'inégalité des ¼ tons, l'Orgue, le Piano, et la plupart des autres instruments seraient faux et intolérables; qu'un violoniste sensible à cette différence ne pourrait les accompagner sans que ses auditeurs et lui ne souffrent de ce continuel désaccord; que lorsque le dit violoniste s'accorde avec ces instruments, ou bien il lutte constamment contre les exigences de son oreille, ce qu'il est difficile d'admettre, ou bien il obéit sans contrainte, ce qui prouverait la fausseté de cette prétendue susceptibilité qui voudrait que le son du # fût différent de celui du b.

A ces raisons, parfaitement logiques, je me permettrai d'en ajouter quelques autres qui peuvent concilier les opinions relatives aux trois systèmes indiqués ci-dessus.

Tout d'abord, si la différence de 1 comma qui peut exister entre le demi-ton diatonique *fa* *sol* b et le demi-ton chromatique *fa* *fa* # , peut être mesurée à l'aide d'instruments perfectionnés, elle n'est pas appréciable pour notre oreille qui, en général, ne distingue guère que des différences de ½ ou ¼ de ton.

D'autre part, le système du *Tempérament* qui consiste à diviser l'octave en 12 demi-tons égaux. vient encore réduire la différence en question.

En effet d'après ce système, lorsqu'on exécute un *fa* # , la note tempérée obtenue est seulement ½ comma trop basse; et quand on exécute un *sol* b , cette même note tempérée est seulement ½ comma trop haute, ainsi qu'on peut le voir sur la figure donnée ci-dessus. Or cette différence de ¼ comma, qui n'est autre chose que 1/40 de ton, est absolument inappréciable pour l'oreille la plus délicate.

Aussi ne puis-je me ranger à l'avis de certains auteurs qui prétendent que le Piano et tous les instruments basés sur le système du Tempérament sont *faux*.

Le mécanisme du Piano, instrument tempéré et *pratiquement* juste, eut été d'une complication extrême, et presqu'impraticable, si l'on avait voulu en faire un instrument *mathématiquement* juste, ce qui en aurait sûrement prohibé l'emploi, sans produire aucun avantage au point de vue de l'interprétation des œuvres, même les plus délicates.

Et en supposant même que cette infime différence d'intonation put être perçue pratiquement, tout se réduirait, en somme, à une question d'éducation de l'oreille des quelques privilégiés qui seraient capables de la sentir.

D'autre part, de même qu'il y a des exécutants qui estiment convenable, avec la notation actuelle, d'exagérer les intonations de certaines notes pour les rapprocher de celles qu'elles font pressentir, de même avec ma nouvelle notation l'artiste restera toujours libre de modifier légèrement l'intonation de certaines notes s'il sent que sa délicate oreille exige une imperceptible modification. Et dans ce cas ma notation se prêtera tout aussi bien que l'ancienne à ces différences...... sentimentales d'interprétation.

Il est bien entendu que je ne parle ici que des chanteurs et des artistes dont les instruments ne sont pas basés sur le système du tempérament. Quant aux autres, que l'on doit supposer doués d'une égale sensibilité, ils seraient condamnés d'après la théorie qui n'admet que la justesse absolue, à se voir éternellement privés de ces jouissances acoustiques!!!

On avouera cependant que celà ne semble pas les incommoder beaucoup, et j'ai tout lieu de supposer *qu'au point de vue de l'intonation*, les Pianistes ne se sentent pas moins satisfaits en pressant les touches de leur clavier que les Violonistes en faisant vibrer les cordes de leur instrument

Voici d'ailleurs ce que dit BERLIOZ à ce sujet (*Traité d'Instrumentation, page 287)*:

« On remarque dans ces deux gammes chromatiques dont l'une représente les notes de la tablette gauche et « l'autre celles de la tablette droite, que le facteur du *Concertina anglais* a établi, dans les 3 premières octaves, « des intervalles enharmoniques entre le *la* b et le *sol* # , et entre le *mi* b et le *ré* # , donnant un peu plus d'é- « lévation au *la* b qu'au *sol* # et au *mi* b qu'au *ré* # , et se conformant ainsi à la doctrine des *acousticiens*, « doctrine entièrement contraire à la pratique des *musiciens*.

« C'est là une étrange anomalie.

. . . .

« L'effet de cette disposition d'une partie de la gamme sera des plus affreux si le Concertina joue un duo « avec un instrument à sons mobiles, tel que le Violon, la pratique musicale, le sens musical, l'oreille enfin de « tous les peuples chez qui la musique moderne est cultivée, établissant que dans certains cas les notes dites *sen-* « *sibles* obéissant plus ou moins à l'attraction de tonique supérieure, et les notes *septièmes* ou *neuvièmes* mineures « obéissant à l'attraction de la note inférieure sur laquelle elles font leur résolution : la première, la note sen- « sible, peut devenir un peu plus haute qu'elle ne serait dans la gamme tempérée et la seconde un peu plus basse « Le *sol* # trop bas du Concertina ne pourrait donc s'accorder avec le *sol* # trop haut du Violon ni le *la* b « trop haut de l'un avec le *la* b trop bas de l'autre, chacun des exécutants obéissant à deux lois diamétralement « opposées: la loi du *calcul des vibrations* et la *loi musicale*, si le Violoniste, cédant à la nécessité d'établir l'u- « nisson, ne jouait de manière à se rapprocher du son tel quel de l'instrument à intonations fixes, en consé- « quence resterait faux. Celà se fait même dans de moindres proportions, et sans blesser l'oreille, à l'insu des « Violonistes quand ceux-ci jouent avec le Piano et les autres instruments tempérés. Mais le procédé bizarre qui « pourrait concilier le système du Concertina anglais avec le système des sensibles ascendantes et des septièmes

« descendantes de la *musique* consisterait à prendre le contrepied de l'opinion des acousticiens sur les enharmo-
« niques, en employant le *la* ♭ à la place du *sol* ♯ et réciproquement.

« Cette ancienne prétention des acousticiens d'introduire de vive force le résultat de leurs calculs dans la
« pratique d'un Art *basé avant tout sur l'étude des impressions produites par les sons sur l'oreille humaine*, n'est
« plus soutenable aujourd'hui.

« Tant il est vrai que la musique la repousse énergiquement, et ne peut exister qu'en la repoussant.

« Tant il est vrai même que les modifications contraires de l'intervalle, *entre deux sons qui s'attirent* (dans la
« pratique musicale), sont des nuances très fines que les virtuoses et les chanteurs doivent employer avec beau-
« coup de précautions, dont les exécutants d'orchestre doivent s'abstenir en général, et que les compositeurs dans
« la prévision de leur emploi, doivent traiter d'une façon spéciale.

« Tant il est vrai enfin que l'immense majorité des musiciens s'en abstient instinctivement dans les ensem-
« bles harmoniques. D'où il résulte que les sons prétendus inconciliables par les acousticiens se concilient par-
« faitement dans la pratique musicale, et que les relations déclarées fausses par le calcul, sont acceptées comme
« justes par l'oreille, *qui ne tient aucun compte des différences inappréciables*, ni du raisonnement des mathéma-
« ticiens. Il n'y a presque pas une partition moderne où, soit pour faciliter l'exécution, soit pour quelque autre
« raison, et souvent sans raison, le compositeur n'ait écrit des passages, harmoniques ou mélodiques, à la fois
« dans le ton dièsé pour une partie de l'orchestre ou du chœur, et dans le ton bémolisé pour l'autre.

. . . .

« Dans toutes les occasions semblables l'orchestre devient ainsi un grand instrument à tempérament. Il le
« devient même en une foule d'autres cas, et sans que les musiciens qui le composent s'en doutent.

. . . .

« Ces raisonnements saugrenus, ces divagations de gens de lettres, ces conclusions absurdes de savants, pos-
« sédés les uns et les autres de la manie de parler et d'écrire sur un art qui leur est étranger, n'ont d'autre résul-
« tat que de faire rire les musiciens; mais cela est fâcheux; le savoir, l'éloquence, le génie, devraient toujours
« rester environnés de l'admiration et du respect qui leur sont dus. »

Je ne crois guère utile de m'appesantir beaucoup sur cette question, d'autant plus que les auteurs les plus
contraires à l'adoption du Tempérament se voient forcés de convenir que ce système s'impose de plus en plus, et
satisfait à toutes les exigences de l'Art musical moderne.

C'est ainsi que dans le « *Guide des Professeurs* » (musique chiffrée), de *Mr. A. Chevé*, je relève ces divers
passages *(page 412 et suivantes)*:

« Malheureusement, on le sait, l'appréciation de la différence qui existe entre *ré* ♭ et *do* ♯ est d'une difficul-
« té telle que beaucoup de personnes, manquant de finesse d'oreille, *sont incapables de jamais produire un comma*
« (ou $\frac{1}{9}$ de ton), l'intervalle le plus petit qu'elles puissent faire étant *une seconde mineure* (de *do* à *ré* ♭, ou de
« *do* ♯ à *ré*).

« De plus, pour les instruments qui ne sont pas omnitones comme la voix, l'existence de ces 12 dièses ou
« bémols dans la gamme, compliquait prodigieusement la facture d'une part, et l'exécution artistique de l'autre:

« On fit donc un compromis, et un *seul son* fut créé pour remplacer simultanément le dièse et le bémol de
« chaque seconde majeure.

« Véritable maître Jacques, il était selon le cas, dièse ou bémol; de là le nom de *synonymes* donné aux deux
« sons qui le formaient.

. . . .

« De là aussi le nom de demi-tons imposé à ces *intervalles bâtards*.

. . . .

« Seulement cette différence entre le *demi-ton absolu* obtenu par le tempérament, et le demi-ton réel, n'est
« que de $\frac{1}{18}$ de seconde. C'est cette coïncidence approximative qui a rendu possible dans la pratique, la substitution
« des deux sons remplaçants par le nouveau venu, véritable *métis*. Mais, nous le répétons, ce n'est qu'une ap-
« proximation.

. . . .

et plus loin (page 428).

« On ne chante donc jamais, dans la pratique, la gamme enharmonique: *do, ré* ♭, *do* ♯, *ré, mi* ♭, *ré* ♯, *mi*, etc.,
« parce que les instruments à *notes faites* ne peuvent l'exécuter.

« C'est l'histoire du renard qui a la queue coupée. Mais il demeure bien entendu que c'est une *concession*
« faite par les instruments qui *jouent juste (Violons, Altos, Violoncelles, Contrebasses)* aux instruments qui *jouent
« faux (Tous les autres instruments)*.

. . . .

et enfin, (page 422):

« Quant aux sons synonymes (*do* ♯ et *ré* ♭) qui, par suite du Tempérament, ont été remplacés par le demi-
« ton mathématique, ils sont (dans la gamme chromatique) naturellement au nombre de cinq, chiffre des dièses
« ou des bémols remplacés.

« Il importe beaucoup, LE SYSTÈME DU TEMPÉRAMENT RÉGNANT EXCLUSIVEMENT MAINTENANT, que les élèves con-
« naissent parfaitement ces sons synonymes.
« Les voici dans leur ordre :

$$ré\flat = do\sharp \ , \ mi\flat = ré\sharp \ , \ sol\flat = fa\sharp \ , \ la\flat = sol\sharp \ , \ si\flat = la\sharp .$$

Je dois faire remarquer, pour rester conforme à la vérité, que c'est moi qui ai souligné le passage ci-dessus,
afin de mieux faire ressortir cet aveu fait certainement à regret, et qui vient à l'appui de la thèse que je soutiens,
à savoir: Que le système du Tempérament n'apporte dans la pratique musicale que des avantages sans inconvénients, et que, par conséquent, il doit être définitivement et universellement adopté.

Voyons maintenant ce que dit un auteur pratique, Mr. MAHILLON, dans son ouvrage : « *Eléments d'acoustique
musicale et instrumentale*» (Bruxelles, 1874), dans lequel cette question se trouve traitée sous ses différentes
faces.

Page 225:

« La gamme que nous venons d'examiner, (pour laquelle le calcul fournit $do\sharp$ plus bas que $ré\flat$), est la
« gamme dite des *géomètres* ou des *physiciens;* elle est loin d'être acceptée par les musiciens, et avec raison, car
« l'exactitude des rapports qui la constitue, si elle était exactement observée, nous amènerait inévitablement à
« jouer beaucoup plus faux encore qu'on ne le fait aujourd'hui. Voici quelques-unes des raisons qui nous obli-
« gent à nous écarter de la gamme des physiciens.

« Tous les musiciens savent qu'entre deux sons à intervalle d'un ton, comme *do* et *ré* par exemple, on éta-
« blira une différence assez sensible entre $do\sharp$ que l'on rapprochera instinctivement du *ré*, et $ré\flat$ qui semble
« attiré vers le *do*. (Il est naturel que nous ne parlons pas ici des instruments à sons fixes.)

« Cette distinction pratique provient de ce que l'oreille conçoit mieux les tendances résolutives de $do\sharp$
« sur *ré* et de $ré\flat$ sur *do*, en *exagérant* la petitesse de l'intervalle qui les sépare. Ce fait, admis par tous les mu-
« siciens, est rejeté par les physiciens et les géomètres; ceux-ci exigent $ré\flat$ plus élevé que $do\sharp$.

« En effet, d'après leur théorie, donnée précédemment, et en supposant $do = 1$ vibration et $ré = \frac{9}{8}$, nous
« avons:

$$\text{pour } ré\flat \ \ \frac{9}{8} \times \frac{24}{25} = \frac{216}{200} = \frac{27}{25} = 1,080$$
$$\text{et pour } do\sharp \ \ 1 \times \frac{25}{24} = \frac{25}{24} = 1,04166$$

« Ainsi donc, en réduisant en fractions décimales, nous avons:

	pour	*do*	:	1 vibration
	»	$do\sharp$	:	1,04166 vibrations
	»	$ré\flat$	:	1,080 —»—
	»	*ré*	:	1,125 —»—

Page 228:

« Si (dans la même gamme des physiciens) nous multiplions douze fois de suite $do = 1$ par le rapport de
« quinte ou $\frac{3}{2}$, nous obtenons pour la douzième quinte (si $\sharp$) 129,746 vibrations; tandis qu'en multipliant $do = 1$.
« sept fois de suite par le rapport de l'octave $\frac{2}{1}$, nous obtenons pour la septième octave *(do)* 128 vibrations.

« Pour corriger toutes ces différences il faut donc trouver un moyen terme, et l'expérience prouve que la
« gamme tempérée est celle qui les *compense le plus avantageusement*, tout en se rapprochant *le plus de la justesse
« absolue* et en tenant compte des différents instruments qui composent l'orchestre moderne et du caractère omni-
« tonique de notre musique.

Page 230.

« Tous les instruments à sons fixes doivent s'accorder suivant le principe du tempérament égal, car il serait
« d'une *difficulté insurmontable* de construire des instruments qui permissent de donner à chaque intervalle l'exac-
« titude des rapports exigés par la gamme des physiciens pour chacune des tonalités où ils sont employés.

Page 241.

« Le Tableau suivant nous permet d'apprécier la différence de chacun des rapports de la gamme des géomè-
« tres et de la gamme de Pythagore, et de les comparer avec ceux de la gamme tempérée que nous considérons
« comme *la seule gamme pratique possible.*

Enfin, Page 242.

« Nous avons déjà acquis la certitude que la gamme tempérée est celle qui convient à tous les instruments
« à sons fixes, et que sans cette gamme il serait impossible de les construire de façon à pouvoir exécuter avec
« la justesse satisfaisante les différents intervalles de notre système musical.

« Du reste lorsqu'on songe que l'accord par le tempérament égal réside dans le partage du comma pythago-

« ricien réparti par douzième sur chacune des douze quintes qui complètent l'accord, on reste convaincu de la
« faible différence qui existe entre la justesse absolue et la justesse tempérée.

« Le Tableau qui précède démontre mieux que ne pourrait le faire la plus belle théorie, qu'il serait fort
« avantageux pour nos oreilles si les instruments d'un orchestre ne prenaient d'autres licences que celles que leur
« donne l'accord au tempérament égal. »

. . . .

Il me semble qu'après les observations et conclusions de Mr. Mahillon, dont je viens de donner quelques
extraits et que je retrouve également consignées, sous une autre forme, dans l'excellent ouvrage de Mr. Albert
Lavignac: «La Musique et les Musiciens», (édition de 1896, page 61), la question doit se trouver résolue en faveur du Tempérament.

Je ne puis cependant m'empêcher, avant d'abandonner cette importante question, de citer encore le passage
suivant, extrait des «Principes de Musique», de Savard, (page 74), et que je choisis parmi les appréciations analogues de beaucoup d'autres savants auteurs modernes, comme résumant le mieux la question.

« On conçoit que dans la pratique, un semblable défaut de justesse ($\frac{1}{4}$ comma) devient tout-à-fait inappré-
« ciable.

« Dans le système de la Justesse absolue, les notes naturelles et altérées de chaque gamme forment un total
« de 35 notes distinctes: (7 notes naturelles, 7 notes dièsées, 7 notes bémolisées, 7 notes doublement dièsées, et
« 7 notes doublement bémolisées), ce qui produit une extrême complication.

« Or, dans le système du Tempérament, et grâce à l'enharmonie, ces 35 notes se réduisent à 12 sons réelle-
« ment différents, ce qui simplifie beaucoup la notation et les difficultés techniques de composition et d'exécu-
« tion.

« L'enharmonie est une des plus remarquables propriétés de notre système moderne, par les rapports qu'elle
« établit entre des tons fort étrangers, en apparence. Or le tempérament favorisant ces transitions enharmoniques
« qui sans lui seraient dures et souvent impraticables, doit être considéré comme un avantage bien plutôt que com-
« me un défaut.

Ainsi donc, en résumé, notre oreille est absolument satisfaite en entendant simultanément un fa ♯ tempéré
et un fa ♯ théorique, mathématique, ou artistique.

Aussi, je le répète, le système du Tempérament qui présente de si grands avantages sous tous les rapports
(notation, composition, exécution, et facture instrumentale), et aucun inconvénient pratique au point de vue de
l'Art, doit-il être considéré comme un progrès, et accepté comme une conquête précieuse de l'Art musical moderne.

C'est pour ces raisons que je l'ai adopté comme base de ma nouvelle notation, persuadé que mathématiciens
et musiciens finiront par se mettre tous d'accord sur cette question.

———————

J'ai dit précédemment qu'il était impossible à notre oreille d'apprécier des différences d'intonation de $\frac{1}{16}$ de
ton, et même de 1 comma; mais elle pourrait apprécier des différences de $\frac{1}{4}$ ou $\frac{1}{2}$ de ton, ce qui d'ailleurs ne
constituerait pas une nouveauté. En effet, Fétis rapporte que parmi les monuments de la langue sanscrite, datant
de 4000 ans (plus de 2000 ans avant l'ère chrétienne), on trouve des traités de musique qui parlent d'un système
de tonalité dans lequel des intervalles un peu plus grands que des $\frac{1}{4}$ de ton entraient dans la composition et
dans les modifications d'un grand nombre de modes.

De même, chez les anciens habitants de la Perse, l'échelle générale des sons était divisée par des $\frac{1}{4}$ de ton,
système de tonalité qui s'est conservé jusqu'au 17ème siècle de notre ère.

Enfin les Grecs employaient également des $\frac{1}{4}$ de ton.

Il serait donc assez étrange que nous ne puissions apprécier des intonations plus petites que les $\frac{1}{2}$ tons.

D'autre part, comme ma nouvelle notation ne pourrait se substituer complétement à l'ancienne que dans un
avenir encore éloigné, je crois devoir me préoccuper de ce que pourrait être notre système musical à cette époque, et vérifier si ma notation pourrait alors se conformer aux nouvelles exigences de l'Art.

Or voici ce que je relève à ce sujet dans une «Causerie sur le passé, le présent, et l'avenir de la Musique»,
lue à la séance des cinq académies le 25 Octobre 1884, et due à la plume si compétente de Mr. Camille Saint-
Saens.

Le passage indiqué ci-après sert de terminaison à cette causerie. (1).

« Pour terminer, si nous jetions un coup d'œil sur l'avenir très-éloigné de la musique, si nous cherchions à
« prévoir ce qu'elle sera, par exemple au 40e siècle! Ce sont là de simples hypothèses, mais qui pourront peut-
« être piquer la curiosité.

« Les Chinois, depuis nombre de siècles, connaissent les demi-tons, qu'ils appellent des lu; ils ont des Trai-
« tés de Musique où les lu sont calculés et catalogués. Cependant ils ne s'en servent pas dans la pratique, leur
« organisation musicale n'étant pas assez développée.

« Nous sommes, chose étrange à dire, dans une situation analogue. Nous calculons et connaissons les Com-
« mas ou neuvièmes de ton, mais nous ne les utilisons pas; les demi-tons suffisent à notre organisation. Et
« pourtant ce n'est pas avec notre système de demi-tons et de notes synonymes que l'on peut être dans la vérité
« musicale. Il n'y a là qu'un à peu près, et le temps viendra peut-être où notre oreille, plus raffinée, ne s'en
« contentera plus. Alors un autre Art naîtra; l'Art actuel sera comme une langue morte, dont les chefs-d'œuvre
« subsistent, mais qu'on ne parle plus. Ce que sera ce nouvel Art, il est impossible de le prévoir; car s'il nous
« apparaissait subitement, nous serions aussi incapables de l'apprécier qu'un Chinois de comprendre une sympho-
« nie de Beethoven.

———

(1). — Voir l'ouvrage « HARMONIE et MÉLODIE » de Mr. C. SAINT-SAENS, dans lequel cette causerie se trouve insérée.

« En attendant cet avenir, peut-être chimérique, l'Art que nous cultivons a longtemps à vivre; son dévelop-
« pement s'accuse de jour en jour; etc.; etc.;.... »
....

Eh bien! à cela je répondrai:
Quand ce nouvel Art naîtra, quand notre oreille sera plus raffinée, elle commencera par apprécier des *quarts de ton*; puis quand elle sera faite à ces nouveaux sons, elle appréciera peut-être des demi-quarts ou des *huitièmes de ton*, c'est-à-dire à peu près le *comma*.

Dans cet ordre d'idées il me semble alors intéressant de faire voir le parti qui pourrait être tiré de la **Notation Frémond**, comme notation de l'Avenir.

On dira peut-être que c'est le *comble de la prévision!* Soit; mais la chose me paraît intéressante à signaler, et j'indique *gratis pro deo* aux Compositeurs qui voudraient s'aventurer dans cette voie (en écrivant par exemple un morceau de chant ou de violon agrémenté de $\frac{1}{4}$ de tons) les moyens d'écrire leur œuvre avec la plus grande facilité.

Qu'on en juge plutôt par les exemples suivants:

Gamme chromatique, par $\frac{1}{2}$ tons:

(base de la Notation Frémond)

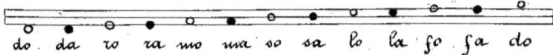

do   da   ro   ra   mo   ma   so   sa   lo   la   fo   fa   do

Gamme bi-chromatique, par $\frac{1}{4}$ de tons:

(Le signe × indique que la note qui suit est haussée de $\frac{1}{4}$ de ton).

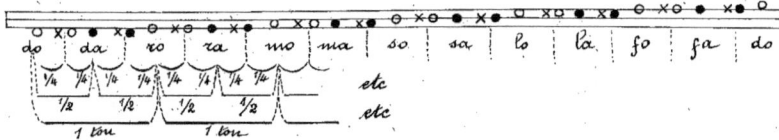

do   da   ro   ra   mo   ma   so   sa   lo   la   fo   fa   do

$\frac{1}{4}$ $\frac{1}{4}$ $\frac{1}{4}$ $\frac{1}{4}$ $\frac{1}{4}$ $\frac{1}{4}$ $\frac{1}{4}$ $\frac{1}{4}$ *etc*

$\frac{1}{2}$ $\frac{1}{2}$ $\frac{1}{2}$ $\frac{1}{2}$ *etc*

1 ton   1 ton

Gamme quadri-chromatique, par $\frac{1}{8}$ de tons:

Le signe ♯ indique que la note qui suit est haussée de $\frac{1}{8}$ de ton.
Le signe × indique que la note qui suit est haussée de $\frac{2}{8}$ ou $\frac{1}{4}$ de ton.
Le signe ♯ indique que la note qui suit est haussée de $\frac{3}{8}$ de ton.

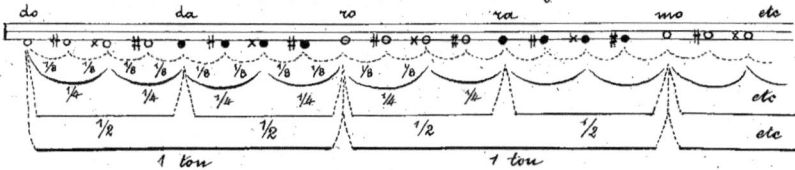

do   da   ro   ra   mo   *etc*

$\frac{1}{8}$ $\frac{1}{8}$ $\frac{1}{8}$ $\frac{1}{8}$ $\frac{1}{8}$ $\frac{1}{8}$ $\frac{1}{8}$ $\frac{1}{8}$ *etc*

$\frac{1}{4}$ $\frac{1}{4}$ $\frac{1}{4}$ $\frac{1}{4}$ *etc*

$\frac{1}{2}$ $\frac{1}{2}$ $\frac{1}{2}$ $\frac{1}{2}$ *etc*

1 ton   1 ton

Les notes intermédiaires obtenues dans les gammes bi-chromatique et quadri-chromatique indiquées ci-dessus pourraient être désignées par les noms suivants, afin de faciliter la lecture.

Dans chaque ton, le nom du premier $\frac{1}{4}$ de ton se terminerait par *é*, et celui du troisième par *i*; de sorte que la gamme bi-chromatique se solfierait de la façon suivante:

do dé da di, ro ré ra ri, mo mé ma mi, so... etc.

Pour les $\frac{1}{8}$ de ton, l'on pourrait ajouter aux terminaisons précédentes la lettre *l*; de sorte que la gamme quadri-chromatique se solfierait ainsi:

do dol dé del da dal di dil, ro rol ré rel ra ral ri ril, mo... etc.

Ces dénominations pourront peut-être paraître bizarres, parce que nous n'y sommes pas accoutumés; mais par contre, combien de facilités elles procureraient pour la lecture de la musique!

Avant de terminer cette légère digression sur la Musique de l'avenir, je me permettrai de poser au lecteur une simple question:

Comment ferait-on pour représenter, avec l'ancienne notation, les différents sons indiqués ci-dessus?

Il faudrait noter différemment les $\frac{1}{4}$ de tons compris entre *do♯* et *ré*, et entre *ré♭* et *ré*, puisque les demi-tons n'ont pas la même valeur, et que par conséquent les $\frac{1}{4}$ de tons ne seraient pas égaux. Puis noter différemment encore les $\frac{1}{8}$ de tons résultant de ces divisions inégales, ce qui me paraît peu praticable.

Et tout cela pour n'obtenir aucun avantage pratique!!

Que l'on me permette à ce sujet de citer le passage suivant relatif à la notation de certains sons musicaux, et extrait du savant «*Traité d'Instrumentation*» de GEVAERT (page 7):

Echelle des harmoniques

« On voit que tous les échelons de l'échelle des harmoniques sont inégalement espacés, et que les intervalles
« diminuent à mesure que les sons s'élèvent. Les sons 1—2 forment une octave, 2—3 une quinte juste, 3—4 une
« quarte juste, 4—5 une tierce majeure, 5—6 une tierce mineure. Les sons que nous avons désignés en noires,
« 7, 11, 13, et 14, sont étrangers à notre système musical et ne forment avec les autres degrés de l'échelle des
« harmoniques aucun intervalle rationnel. *Aussi la notation européenne n'a-t-elle pas de signes pour exprimer de*
« *pareilles intonations, et la manière dont nous venons de les indiquer est tout-à-fait arbitraire.* Le son 7 *(si ♭)*
« est trop bas pour faire avec le son 8 *(do)* un intervalle de ton juste; le son 11 est trop haut pour un *fa♮* et
« trop bas pour un *fa♯* . De même le son 13 envisagé comme *la♮* est trop bas, et comme *la♭* il est trop haut.
« Enfin le son 14 forme l'octave exacte du son discordant 7. »

Eh bien, la Notation Frémond fournit le moyen d'indiquer avec la plus grande exactitude et la plus grande
simplicité, toutes les différences d'intonation pratiquement appréciables, ainsi qu'on a pu le voir par les exemples
précédents.

Mais revenons à notre sujet principal.

___

J'ai indiqué précédemment (page 13) la gamme qui sert de base à ma nouvelle notation.
Or tous les sons musicaux employés actuellement sont compris dans dix gammes ou octaves semblables à la
gamme étudiée précédemment, mais dont les notes possèdent une intonation plus ou moins élevée.
Afin de distinguer ces octaves les unes des autres, j'adopte une forme spéciale pour les notes de chacune
d'elles, de manière que les 10 octaves se trouvent représentées par les formes de notes suivantes, déterminées à
la suite de nombreux essais comparatifs:

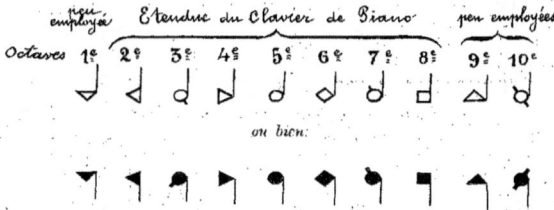

ou bien:

suivant qu'il est plus commode d'employer les queues dans un sens ou dans l'autre, ou suivant la couleur que,
par son intonation, doit avoir la note.

Les 1ère, 9ème et 10ème octaves sont rarement employées.
Les formes des notes des octaves 2, 3, 4, 5, 6, 7, et 8, qui sont les plus employées, se distinguent très-bien
entr'elles; de plus elles sont simples et faciles à faire.
La 5ème, qui forme la moyenne de ces dernières octaves, est ronde. Elle est précédée d'un triangle et suivie
d'un losange. Puis de chaque côté se trouve un cercle portant une petite barre qui est placée en haut pour la
7ème octave, et en bas pour la 3ème, suivant en cela le sens de l'intonation. De même, les triangles des octaves
1ère et 9ème ont la pointe en haut pour la 9e octave et la pointe en bas pour la 1ère qui est plus basse.
Quant aux queues des notes elles sont toujours placées à droite, sauf dans quelques cas assez rares.
Quelle que soit leur forme, les notes se placent sur les lignes et interlignes de la portée, comme il a été
expliqué précédemment; de sorte que les notes des exemples suivants représentent toutes des *do*, mais dans des
octaves différentes. (Ainsi que je l'ai dit plus haut, le sens des queues est indifférent.)

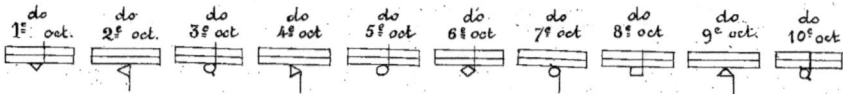

Dans ma notation par chiffres j'emploie des points placés au-dessus ou au-dessous des notes pour distinguer
les différentes octaves. C'est le procédé employé dans l'ancienne notation chiffrée *(Galin-Paris-Chevé).*
Les chiffres dépourvus de point représentent les sons de la 5e octave. Les chiffres de la 4e octave ont un
point au-dessous, et ceux de la 6e ont un point au-dessus. Les chiffres de la 3e octave ont 2 points au-dessous, et
ceux de la 7ème ont 2 points au-dessus; et ainsi de suite.

Dans l'emploi courant de la musique chiffrée on a rarement besoin d'employer les autres octaves. Il suffit d'ailleurs d'ajouter un point de plus pour chaque nouvelle octave.

Ainsi donc, les octaves : de ma notation par chiffres correspondent aux octaves : de ma notation par notes : et aux octaves : de l'étendue générale des sons.

La représentation complète des 10 octaves de l'Étendue générale des sons est alors la suivante :

Étendue générale des sons

En passant, je ferai observer que les sons des deux dernières octaves aiguës ne pourraient être représentés à leur *hauteur réelle*, avec l'ancienne notation, qu'en employant un nombre de lignes supplémentaires absolument inadmissible, ou bien en inventant une nouvelle *Clef*.

Remarquons aussi que je pourrais encore représenter 2 octaves de plus en employant le signe 8va..... sur les octaves extrêmes, signe qui indiquerait de hausser d'une octave l'intonation des notes de la 10ème octave, et de baisser d'une octave celle des notes de la 1ère. L'échelle des sons comprendrait alors 12 octaves que l'ancienne notation ne pourrait représenter sans le secours de nouvelles clefs.

Je ferai encore observer de suite que les formes des notes ne peuvent prêter à confusion. On ne confondra en effet pas plus ♩ et ♪ par exemple, ou bien encore ♩ et ♪ qu'on ne confond les deux chiffres 6 et 9, ou les signes ♩ et ♪ de l'ancienne notation, ou bien enfin 3 et 9 de la notation chiffrée (*Méthode Galin-Paris-Chevé*).

Dans certains cas j'emploie, au-dessus ou au-dessous de la portée, une *ligne supplémentaire*, quelquefois deux, mais rarement trois.

Ces lignes sont supposées faire partie de portées supplémentaires, comme il est indiqué ci-après, de sorte que les notes conservent la même position sur ces lignes ou portées supplémentaires que sur la portée ordinaire. De plus, pour leurs formes, les notes placées sur les lignes supplémentaires sont considérées comme formant la prolongation de l'octave placée sur la portée ordinaire, à moins qu'il n'en soit indiqué autrement.

2°: DURÉE

La musique comprend, outre les sons, des moments de repos qu'on appelle *silences* ; et les sons eux-mêmes peuvent être prolongés pendant un temps plus ou moins long.

On distingue donc en musique :

1°: des *sons articulés*. — 2°: des *sons prolongés*. — 3°: des *silences*.

Voici comment je représente ces trois idées.

Tout son articulé est représenté par une note, blanche ou noire, ou par un chiffre, comme il a été indiqué précédemment.

Toute prolongation de son est représentée par un point : •

Tout silence est représenté par le signe : ♪ dans ma notation par notes, et par un 0 dans ma notation par chiffres.

Chacun de ces signes représente une valeur de un temps, que j'adopte comme unité de durée, la durée absolue de cette unité étant variable suivant le mouvement employé.

Pour indiquer qu'un son doit être prolongé pendant une durée de deux, trois, ou quatre temps, on le fait suivre de un, deux, ou trois points.

Ainsi ♩.. , 1·· représentent des sons dont la durée doit être de trois temps.

Pour les silences on ajoute un crochet pour chaque temps ; de sorte que ♪ représente un silence de un temps ; ♪ un de deux temps ; ♪ un de trois temps ; et enfin ♪ représente un silence de quatre temps.

Dans la notation chiffrée il est préférable de répéter les zéros pour indiquer des silences de plusieurs temps.

Chaque temps peut aussi être divisé en deux ou trois parties d'égale durée, ce qui fournit des demis et des tiers de temps. Au-delà de cette division l'oreille éprouve de la difficulté pour apprécier exactement les divisions de l'unité.

Pour représenter les *demis* ou les *tiers* de temps, on réunit les deux ou trois notes ou chiffres qui composent le temps, par une barre placée au-dessus ou au-dessous des notes, suivant la direction des queues. Dans la notation chiffrée on place toujours les barres au-dessus. Ainsi dans ces exemples :

Chaque signe représente un *Demi-temps*

Chaque signe représente un *Tiers de temps*

Comme on le voit, ces groupes peuvent être formés soit de notes ou chiffres, soit de points de prolongations, soit de silences, soit enfin de combinaisons de ces divers signes.

De plus, les diverses parties d'un temps sont toujours réunies par une barre en un seul groupe, et l'on fait suivre à ces barres la même direction que les sons qu'elles réunissent afin de faciliter la lecture, comme dans l'ancienne Notation. (1)

Pour représenter des divisions plus petites que les $\frac{1}{2}$ ou les $\frac{1}{3}$ de temps, on considère ces dernières divisions comme de nouvelles unités auxquelles on fait subir la division binaire ou ternaire comme on l'a fait pour le temps, en réunissant par une barre les signes qui composent chaque groupe.

Ainsi les demi-temps divisés en deux parties égales donnent des *quarts* de temps. Ces deux quarts de temps réunis par une barre forment un groupe de la valeur de un demi-temps, et le temps entier sera alors composé de deux groupes semblables.

Pour bien faire ressortir que ces deux groupes ne forment que la valeur de un temps, on les réunit par une seule barre régnant sur toute la longueur des deux groupes.

On obtient ainsi :

Fraction de temps (pour chaque note)

Demi-temps (pour chaque note)

division binaire :

quarts

division ternaire :

sixièmes

De même on obtiendrait :

Tiers de temps (pour chaque note)

division binaire :

sixièmes

division ternaire :

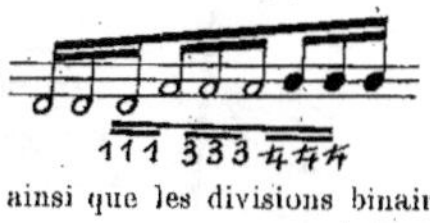

neuvièmes

De cette façon, chaque temps se trouve très bien déterminé, ainsi que les divisions binaires ou ternaires du temps ou des parties du temps. (2)

En considérant ces nouvelles divisions : *quarts, sixièmes, neuvièmes,* comme de nouvelles unités, et en leur appliquant la division binaire ou ternaire, on obtiendrait des *huitièmes, douzièmes, dix-huitièmes, vingt-septièmes,* etc., etc. ; mais en pratique courante on ne dépasse guère les huitièmes ou les douzièmes de temps.

Le tableau suivant résume les divisions et subdivisions binaires et ternaires que l'on peut faire subir à l'unité de durée, c'est-à-dire au temps.

L'unité y est représentée par une note, mais on pourrait tout aussi bien la représenter par un chiffre, par le point de prolongation, ou par le signe 𝄾 ou 0 des silences.

Les accolades indiquent suffisamment la marche des divisions et subdivisions ; aussi n'ajouterai-je aucun commentaire à ce tableau.

---

(1). — Les demi-temps correspondent aux croches des mesures à deux, trois et quatre temps, de l'ancienne notation.
Les tiers de temps correspondent également aux croches des mesures à $\frac{6}{8}$, $\frac{9}{8}$, et $\frac{12}{8}$ de l'ancienne notation.

(2). — Les quarts de temps correspondent aux doubles-croches des mesures à deux, trois et quatre temps, de l'ancienne notation.
Les sixièmes de temps correspondent également aux doubles-croches des mesures à $\frac{6}{8}$, $\frac{9}{8}$ et $\frac{12}{8}$, de l'ancienne notation.

NOTATION FRÉMOND

TABLEAU
des Divisions et Subdivisions binaires et ternaires
DE L'UNITÉ DE DURÉE

Nᵒ 1
UNITÉ

Nᵒ 2
Souche binaire

MOITIÉS

Nᵒ 3
Souche ternaire

TIERS

Nᵒ 4
Subdivision binaire

MOITIÉS divisées par 2

QUARTS

Nᵒ 5
Subdivision ternaire

MOITIÉS divisées par 3

SIXIÈMES

Nᵒ 6
Subdivision binaire

TIERS divisés par 2

SIXIÈMES

Nᵒ 7
Subdivision ternaire

TIERS divisés par 3

NEUVIÈMES

Nᵒ 8. — *Subdivision binaire :* QUARTS divisés par 2

HUITIÈMES

Nᵒ 9. — *Subdivision ternaire :* QUARTS divisés par 3

DOUZIÈMES

Nᵒ 10. — *Subdivision binaire :* SIXIÈMES divisés par 2

DOUZIÈMES

Nᵒ 11. — *Subdivision ternaire :* SIXIÈMES divisés par 3

DIX-HUITIÈMES

Nᵒ 12. — *Subdivision binaire :* SIXIÈMES divisés par 2

DOUZIÈMES

Nᵒ 13. — *Subdivision ternaire :* SIXIÈMES divisés par 3

DIX-HUITIÈMES

Nᵒ 14. — *Subdivision binaire :* NEUVIÈMES divisés par 2

DIX-HUITIÈMES

Nᵒ 15. — *Subdivision ternaire :* NEUVIÈMES divisés par 3

VINGT-SEPTIÈMES

AVANTAGES PRINCIPAUX
DE LA
NOTATION FRÉMOND

Étant données les quelques notions qui précèdent, nous allons maintenant examiner les principaux avantages obtenus par l'emploi de mon nouveau mode de Notation.

1°. — La notation Frémond n'emploie que des **portées composées de 3 lignes seulement**, au lieu de 5.

J'ai conservé l'emploi de la portée parce qu'il procure le grand avantage de faire mieux voir aux yeux les hauteurs relatives des sons, l'échelonnement des notes formant pour ainsi dire un tracé graphique, un dessin de la musique qui facilite beaucoup la lecture, surtout dans les traits rapides, où l'exécutant devine souvent plus de notes qu'il n'en lit réellement.

Toutefois je l'ai réduite à 3 lignes au lieu de 5, ce qui est suffisant pour inscrire une gamme, et beaucoup plus avantageux.

Ajouterai-je que la suppression de la portée constitue justement un des plus grands reproches que l'on ait formulés, et non sans quelque raison, contre la notation chiffrée.

Malgré cet inconvénient, je conseille cependant l'étude de cette notation, à cause de la facilité d'emploi qu'elle présente dans certains cas spéciaux.

D'autre part, lors de l'adoption de la gamme chromatique comme base de ma notation, je songeai à employer une portée de 6 lignes pour placer, de la façon suivante, les 12 notes de la gamme chromatique, ce qui permettait de n'employer qu'une couleur de notes, tout en supprimant les accidents : ♯ ou ♭.

GAMME CHROMATIQUE SUR PORTÉE DE 6 LIGNES

do da ro ra mo ma so sa lo la fo fa do

Cette disposition est séduisante au premier abord, à cause de sa régularité, et surtout de la facilité de transposition qu'elle procure.

Mais par contre elle présente aussi des inconvénients.

Notation Frémond

D'abord celui provenant de l'encombrement. Ainsi pour écrire seulement 2 octaves, il faut employer toutes les lignes ordinaires et supplémentaires indiquées dans le premier exemple ci-contre.

De plus la lecture présenterait de bien plus grandes difficultés.

D'ailleurs il y a déjà longtemps qu'on a songé à représenter les notes ♯ et ♭ par des notes spéciales analogues aux notes naturelles. Mais, comme dit *Fétis*, dans ses «*Principes de Musique*» page 16:

« La difficulté de représenter ces sons par des notes particulières sur le papier, et la crainte de rendre la lectu-
« re de la musique trop difficile en *multipliant les lignes et les espaces de la portée*, comme il aurait fallu le faire
« pour représenter tous ces sons, ont fait abandonner ce système, et l'on a imaginé un artifice par lequel on indi-
« que que les notes sont haussées ou baissées de ½ ton...... etc. etc. »

Ce sont ces mêmes raisons qui m'ont fait renoncer à l'emploi de la portée de 6 lignes.

2°.—La notation Frémond **supprime en grande partie les lignes supplémentaires**, ce qui simplifie l'écriture musicale et rend la lecture beaucoup plus facile.

Comme on le sait, les difficultés que créent les lignes supplémentaires dans l'ancienne notation, sont principalement les suivantes:

D'abord leur encombrement.

Ensuite elles rendent la lecture assez difficile pour ceux qui ne possèdent pas une grande pratique.

Enfin elles forcent, pour éviter leur emploi en trop grand nombre, à écrire les parties de certains instruments une octave plus haut ou plus bas que les notes données réellement par ces instruments, ce qui peut être une cause d'erreurs pour l'orchestration.

L'exemple suivant donnera une idée de cette dernière difficulté.

Partie écrite pour Petite Flûte.

Notes réellement données
par l'Instrument

Et remarquons que même en employant les ligues supplémentaires, on est encore obligé d'écrire quelques notes une octave plus bas qu'elles ne devraient l'être, et cela afin de rester compréhensible. Il est vrai que dans ce cas le signe 8ᵛᵃ..... indique cette convention.

Je pourrais citer, entre mille autres analogues, le passage suivant d'une partie de violon empruntée à l'ouverture d'«Egmont,» de BEETHOVEN :

dans lequel pour écrire 53 notes, on est obligé d'employer 153 lignes supplémentaires, sans compter les 5 lignes de portée.

Et cet autre passage pour Piano, extrait du galop «Sans-Souci», de J. ASCHER :

dans lequel pour écrire les 88 notes de la partie supérieure on est obligé d'employer 208 lignes supplémentaires; ce qui n'empêche pas que pour 68 de ces notes on est encore obligé d'employer le signe 8ᵛᵃ....., afin d'éviter un nombre double de lignes supplémentaires!

Je ne parlerai pas des 46 dièses, bémols, ou bécarres qui affectent accidentellement les notes (sans compter les 4 bémols de l'armure), ni du changement de clef de la partie de basse, ces questions devant être traitées plus loin.

Je me bornerai aux deux exemples précédents pris au hasard parmi ceux que l'on rencontre à chaque instant, et qui donnent une idée plus que suffisante du travail d'écriture et des difficultés de lecture qu'entraîne un tel système de représentation des sons.

D'autre part voici ce que dit MR. SAVARD, dans ses «Principes de Musique», page 56, au sujet de l'emploi des lignes supplémentaires:

« A l'époque où le système des clefs a été imaginé, les instruments, très-imparfaits, étaient d'une étendue « fort bornée, et la Musique créée pour eux pouvait facilement s'écrire au moyen de ces différentes clefs, sans « dépasser de beaucoup la portée.

« Il n'en est plus de même aujourd'hui. Certains instruments atteignent, soit au grave, soit à l'aigu, des « sons tellement éloignés des limites primitives, que le système des clefs devient insuffisant, et qu'il faut alors « avoir recours à l'emploi d'un grand nombre de lignes supplémentaires.

« C'est pour obvier à cet inconvénient que l'on a été amené à employer la ligne d'octave. »

Avec la **Notation Frémond** on emploie rarement plus de deux lignes supplémentaires, et encore je ferai remarquer que, contrairement à ce qui se pratique dans l'ancienne notation, les notes occupent sur ces lignes les mêmes positions que sur les lignes de la portée, ce qui en facilite beaucoup l'emploi. Inutile de dire que dans la notation chiffrée on n'emploie jamais de lignes supplémentaires.

Veut-on encore quelques exemples des anomalies résultant du mode d'écriture adopté dans l'ancienne notation, pour éviter l'emploi d'un trop grand nombre de lignes supplémentaires. Je les extrais de l'excellent «*Cours d'Orchestration* de GEVAERT, (*édition de 1894, page 11*):

1er EXEMPLE:

Violoncelles

Contre-Basses

Dans cet exemple la notation est identique pour les deux instruments, et cependant la contrebasse joue une octave plus bas que le violoncelle.

2ème EXEMPLE:

Violoncelles

Contre-Basses

Dans cet exemple les notations sont différentes pour les deux instruments, et cependant ils jouent la même note à l'unisson.

3ème EXEMPLE:

Violoncelles

Contre-Basses

Dans cet exemple les deux instruments paraissent jouer à distance d'une octave, tandis qu'en réalité la contrebasse joue à 2 octaves au-dessous du Violoncelle.

Ainsi donc, les trois exemples précédents nous montrent que, dans ces divers cas, l'ancienne notation indique le contraire de la réalité.

Comment peut-on alors, avec une telle notation, appliquer ce principe énoncé par GEVAERT, *page* III de l'avant-propos de ce même *Cours d'Orchestration:*

« Cette faculté, indispensable au Compositeur et au chef d'Orchestre, consiste dans une équivalence presque « complète des sens de la vue et de l'ouïe lorsqu'elle est acquise dans toute sa plénitude, l'œil *entend* et l'*oreille* « *voit;* la partition, à la lecture, se transforme en un orchestre vivant dont le lecteur perçoit, dans son imagi- « nation, la sonorité d'ensemble en même temps que chacun des timbres individuels, et, réciproquement, l'exécu- « tion d'un morceau d'orchestre donné à l'audition la vision de l'œuvre notée en partition. »

Ainsi que nous venons de le voir, l'ancienne notation ne se prête certainement guère à l'application de ce principe. Je m'empresse d'ailleurs d'ajouter que les difficultés ou anomalies signalées précédemment sont peu de chose en comparaison de celles qu'il me reste encore à faire connaître, et qui se trouvent supprimées ou consi- dérablement diminuées par l'emploi de ma nouvelle notation.

3°.— La **Notation Frémond** conserve à chaque note une **position invariable sur la portée,** *quelle que soit l'octave dans laquelle elle se trouve.* — Il en résulte que la lecture se trouve beaucoup simplifiée, l'élève n'ayant pas à chercher le nom de la note, mais seulement son intonation.

On sait en effet que, dans l'ancienne notation, toutes les notes changent de position en passant d'une octa- ve à l'autre, comme le montre l'exemple suivant:

Ainsi que nous le verrons ci-après, cette difficulté se trouve encore évitée avec la **Notation Frémond.**

Afin de faire ressortir de suite les avantages déjà indiqués ci-dessus, il me suffira de faire voir le mode d'écri- ture employé avec l'ancienne notation pour représenter l'étendue du *Clavier de Piano,* soit 7 octaves, et celui employé avec la **Notation Frémond.**

Ancienne Notation

Octaves
du Clavier

Notation Frémond

par notes:

Octaves
du Clavier
Octaves correspondantes
de l'étendue générale
des sons.
par chiffres:

Nous remarquerons que l'ancienne notation est obligée d'employer *10 lignes de portée*, tandis que la **Notation Frémond** n'en exige que *six*.

D'un autre côté, pour représenter seulement 7 octaves, l'ancienne notation emploie *cent-onze lignes supplémentaires*, tandis que dans la **Notation Frémond**, pour représenter 10 octaves on n'en emploie *aucune*.

Enfin chaque note *(comme le do par exemple)* occupe dans l'ancienne notation *10 positions différentes* sur les lignes des portées, tandis que dans la **Notation Frémond** elle occupe toujours *la même position*.

L'étendue générale du Piano, et même celle de tous les sons employés en musique, peut d'ailleurs, avec la **Notation Frémond**, être écrite sur une *seule portée*, sans le secours d'aucune clef, ligne supplémentaire, dièse ou bémol, comme il a été indiqué page 21.

Enfin je ferai remarquer que la disposition par *octaves semblables* est absolument la même que celle des octaves sur le clavier de Piano. Or tout le monde sait quelles facilités cette disposition présente, aussi bien pour l'étude que pour l'exécution sur cet instrument.

On ne pourrait donc appliquer à mon système de notation cette objection adressée par M.M. David et Lussy, aux projets antérieurs de réforme de la notation: *(Page 172 de leur ouvrage déjà cité).*

« Tous les systèmes proposés par les réformateurs s'occupent beaucoup plus du rôle joué par le signe dans « la gamme que de sa position. Ils font appel à l'intelligence et non aux yeux, ce qui nécessite une opération « mentale et continuelle; en un mot, aucun ne présente une configuration faisant *voir* instantanément la position « des notes par rapport au clavier. »

Je crois que la **Notation Frémond** constitue l'idéal en ce genre, puisque chaque figure de note correspond à chacune des octaves du clavier.

Avant d'aller plus loin je vais signaler ici, et réfuter immédiatement, une *objection* que l'on croirait pouvoir faire contre ma nouvelle notation, et qui, au premier abord, pourrait paraître sérieuse aux personnes qui n'auraient pas étudié cette notation, ou qui ne l'auraient regardée que très superficiellement. — Voici cette objection:

« Avec la nouvelle notation, lorsqu'on change d'octave, il peut arriver que le premier son de la nouvelle oc- « tave se trouve placé plus bas que le précédent, quoiqu'ayant une intonation plus haute, ou vice-versâ; de sorte « que dans ce cas, pour les yeux, l'écriture donne l'idée contraire de ce qui existe en réalité. »

Celà serait vrai si l'on n'employait aucune ligne supplémentaire; mais avec l'usage de celles-ci l'objection précédente se trouve détruite.

En effet, dans la pratique courante de la musique, il suffit d'employer, avec la **Notation Frémond**, deux lignes supplémentaires seulement pour que, dans la plus grande partie des morceaux, toutes les notes puissent être écrites à leur hauteur réelle, et sans être obligé de faire les sauts dont il vient d'être question. Et même dans le cas où l'on y serait obligé, il suffirait de prendre quelques précautions pour rendre ces passages aussi faciles que n'importe quel autre.

Ainsi donc, l'objection qui, de prime abord, paraît avoir quelque fondement, n'a en réalité aucune valeur sérieuse, d'autant plus que les mêmes cas se présentent avec l'ancienne notation.

Il n'est pas rare en effet de rencontrer des passages dans le genre de celui-ci:

dans lequel le *si* marqué: ✳ est écrit plus haut que le *fa* précédent quoique, en réalité, il ait une intonation plus basse; et, par contre, le *si* marqué: ✳✳ se trouve écrit plus bas que le *fa* précédent quoiqu'en réalité il ait une intonation plus haute.

Dans l'ancienne notation on remédie à celà au moyen du signe 8va......, tandis que dans la **Notation Frémond** on change la forme des notes. C'est une question d'habitude.

J'ajouterai que les changements de formes des notes résultant des changements d'octaves sont peu fréquents dans la pratique courante. D'ailleurs on ne les emploie guère, et encore assez rarement; que dans la Musique pour orgue, piano, ou harpe; et beaucoup plus rarement encore dans les morceaux de chant ou d'instruments autres que ceux cités précédemment.

Mais en supposant même que l'on soit obligé d'employer les sauts dont nous parlons, ils ne sauraient constituer une difficulté pour l'exécution, car si par exemple, le pianiste se trompait, il ne pourrait dans tous les cas, que jouer l'accompagnement 1 octave plus haut ou 1 octave plus bas, mais sans changer les notes ni les accords. L'accompagnement serait donc juste quand même. Il n'y aurait que l'effet produit par le contraste qui pourrait être modifié, ce qui est bien peu de chose.

Tandis qu'au contraire, si, dans l'ancienne notation, on est obligé pour changer d'octaves d'employer par exemple les clefs de *Sol* et de *Fa*, comme nous le verrons dans l'exemple de la page 32, et qu'on lise l'une pour l'autre, les accords changent complètement et peuvent devenir absolument faux, ce qui, dans aucun cas, n'est tolérable.

Afin de donner au lecteur une idée de la facilité avec laquelle peuvent s'opérer les changements d'octaves, je vais traduire, en **Notation Frémond**, l'exemple précédent dont on peut faire deux traductions différentes:

1ère TRADUCTION:

Dans cette traduction les sauts ✳ et ✳✳ se présentent sous la même forme que dans l'ancienne notation.

2ème TRADUCTION:

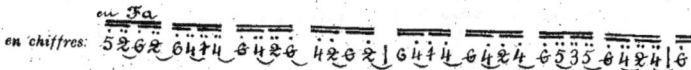

Comme on le voit, il suffit d'employer seulement 2 lignes supplémentaires pour que dans la dernière traduction notée, les sauts signalés comme défectueux dans les deux exemples précédents, disparaissent complètement.

L'examen des deux formes (notée et chiffrée) de la 2e traduction ci-dessus, fait voir clairement qu'avec l'emploi des notes les inflexions du son se trouvent pour ainsi dire dessinées, et exactement représentées à la vue par les différences de hauteur des notes sur la portée, avantage que ne possède malheureusement pas la notation chiffrée.

Voir également l'exemple suivant.

Afin de bien faire voir au lecteur la façon dont j'obtiens la 2ème traduction précédente, je ferai remarquer que les notes de la gamme occupant 3 interlignes sur la portée, il en résulte que les notes peuvent être élevées ou descendues de 3 interlignes, à condition de changer leur forme, de façon que celle-ci indique une octave plus bas si l'on a élevé la note, ou une octave plus haut si au contraire on a baissé cette note.

C'est le premier de ces deux cas qui a été employé pour obtenir la 2ème traduction.

Pour la même raison, une note qui, par suite d'une transposition, doit être écrite 2 interlignes plus haut, par exemple, peut également être écrite 1 interligne plus bas (car $2 + 1 = 3$), à condition de changer la forme de la note.

Ainsi ⟨musical notation⟩ transposé 2 interlignes plus haut devient: ⟨musical notation⟩, qui peut également s'écrire: ⟨musical notation⟩, c'est-à-dire 1 interligne plus bas que dans le 1er exemple.

La même note transposée 1 interligne ½ plus bas, devient: ⟨musical notation⟩ qui peut également s'écrire: ⟨musical notation⟩, c'est-à-dire 1 interligne ½ plus haut que dans le premier exemple, car $1\tfrac{1}{2} + 1\tfrac{1}{2} = 3$.

Me permettra-t-on de citer encore un Exemple qui fera mieux voir que n'importe quelle démonstration, que les sauts ne présentent aucune difficulté d'écriture avec la **Notation Frémond**. Cet exemple qui est extrait de la « *Campanella* », de Liszt, présente comme on le voit, des sauts qui dépassent 2 octaves.

Ancienne Notation

Notation Frémond
par notes:

par chiffres: ‖ 5 3 4 5 3 5   2 5 7 5 2 5 ‖

Anticipant sur ce qui va suivre, je puis déjà faire remarquer que dans la traduction en **Notation Frémond** il n'y a ni clef, ni dièses, ni ligne d'octave, et moins de lignes supplémentaires que dans le même exemple en ancienne notation. De plus, la division ternaire est beaucoup mieux indiquée. Quant aux sauts, ils sont aussi bien exprimés dans la nouvelle que dans l'ancienne notation.

Enfin, et pour en finir avec les observations relatives à l'objection formulée précédemment, je ferai remarquer que l'habitude de distinguer les différentes figures de notes et de les jouer à leur diapason réel, s'acquiert très-facilement, et les Pianistes en particulier ont pour cela la plus grande facilité, puisque chaque figure de notes correspond à une octave spéciale du *Clavier de Piano*.

Ainsi donc, encore une fois, l'objection que j'ai signalée n'a qu'une valeur tout-à-fait spécieuse, et ne constituerait qu'un maigre argument contre l'emploi de ma nouvelle notation.

Mais revenons à l'énumération des avantages offerts par celle-ci.

4°. — Facilité de pouvoir écrire indistinctement la musique soit au moyen de notes, soit au moyen de chiffres.

Ainsi que je l'ai fait voir page 14, mes deux modes d'écriture, par notes et par chiffres, sont établis sur les mêmes bases, et correspondent exactement. Il en résulte que ma notation chiffrée participe des mêmes avantages que la notée, et que ces deux modes de notation peuvent être étudiés simultanément sans exiger aucun surcroît de travail de la part de l'élève, celui-ci se familiarisant tout naturellement avec les deux modes d'écriture. C'est là un avantage qui, je l'espère, ne manquera pas d'être apprécié.

5°. — La Notation Frémond supprime complétement l'emploi des clefs écrites.

On sait, comme je l'ai déjà fait voir, que dans l'ancienne notation, outre les changements de position qu'éprouvent les notes en passant d'une octave à l'autre, elles en subissent encore d'autres provenant de l'emploi des différentes clefs, ainsi que le montre l'exemple suivant:

do   do   do   do   do   do   do

Or remarquons que pour chacune de ces clefs, il faut connaître et surtout retenir parfaitement la position de 25 à 30 notes différentes.

Aussi l'emploi des diverses clefs constitue-t-il sans contredit pour la lecture, la plus grande difficulté de l'ancienne notation, et leur suppression devrait suffire seule pour justifier l'emploi de la **Notation Frémond**.

Il me suffira d'ailleurs d'une simple comparaison pour donner une idée de la perturbation occasionnée par l'emploi des différentes clefs dans l'ancienne notation.

Supposons qu'au lieu de commencer régulièrement à *minuit*, la journée commence chaque jour à une heure différente. Alors le soleil passerait aussi au méridien à des heures différentes, soit: un jour à midi, puis le lendemain à 1 heure, puis à 2 heures, etc., amenant ainsi une grande confusion dans nos usages journaliers.

Eh bien, l'emploi des diverses clefs produit exactement le même effet, et amène la même confusion pour la lecture des notes.

Il est si vrai que la multiplicité des clefs constitue un des plus grands obstacles de la musique, qu'on en est arrivé à écrire les parties des instruments graves : Saxophones, Trombones, et Saxhorns, en *Clef* de *Sol* quoique leur diapason exige la *Clef de Fa*, et cela pour faciliter la lecture aux exécutants, qui peuvent ainsi passer plus facilement d'un instrument à l'autre.

Mais, avec ce système, il arrive que les notes écrites forment avec celles qui sont réellement données par l'instrument, des différences qui peuvent aller jusqu'à près de deux octaves. Ainsi le Saxophone baryton par exemple, joue une treizième au-dessous des notes écrites.

On conçoit facilement les ennuis et les erreurs que peut occasionner un tel procédé lorsqu'il s'agit d'orchestrer un morceau. De plus, l'exécutant ne peut avec ce système se rendre compte de l'octave exacte dans laquelle il joue, à moins de lui supposer, en orchestration, des connaissances que ne possèdent pas la grande majorité des instrumentistes.

Mr. WILHEM, déjà cité, ne pouvait aussi s'empêcher de reconnaître les désavantages de ces substitutions de clefs lorsqu'il disait *(Page 9 de son « Manuel musical », 13ème édition, 1866)* :

« Dans le commerce de musique, presque tous les chants de ténors sont notés avec *Clef de Sol*, (au lieu de « *Clef de Do* 4e ligne), pour en *faciliter la lecture aux amateurs* ; mais on voit par les exemples ci-dessus, qu'ils « devraient être écrits avec *Clef de Do*. »

Or je ferai remarquer que les *amateurs* dont il est question ici, et qui ne peuvent lire couramment les clefs de *Do*, forment au moins les 9/10 de ceux qui exécutant de la musique, vocale ou instrumentale.

Voici d'ailleurs un autre exemple d'anomalie résultant de l'emploi des clefs. Je l'emprunte au « *Traité d'Instrumentation* » de GEVAERT, *(page 113, paragraphe 81)* :

« Une dernière singularité de la notation des instruments transpositeurs doit être signalée ici, bien que nous « ayions encore à y revenir plus tard.

« Certains d'entre eux, et notamment les cors, à raison de leur grande étendue se servent et de la *Clef de* « *Sol* et de la *Clef de Fa*. Mais au lieu de donner à celle-ci sa valeur normale, on écrit toutes les notes une « octave trop bas, en sorte que les deux échelles suivantes sont considérées comme étant à l'unisson.

« Il résulte de cette pratique bizarre qu'à chaque changement de clef la notation saute d'une octave entière.

EXEMPLE:

« ce que les cornistes lisent ainsi :

« Comme il est inutile de compliquer davantage la lecture des partitions modernes, *déjà assez difficile par* « *elle-même*, le compositeur fera bien, en écrivant pour des cors chromatiques, de se passer autant que possible « de la *Clef de Fa*, et au cas où il serait amené à s'en servir, de lui donner sa valeur régulière.

« Ajoutons pour en finir avec les *anomalies de la notation*, que l'usage des clefs n'est pas fixé d'une ma-« nière uniforme en ce qui concerne quelques instruments *(le cor anglais, la clarinette basse, les trombones, tubas,* « *etc.)* Les divers procédés d'écriture suivis à cet égard dans la pratique contemporaine seront mentionnés à leur « place. »

Citerai-je encore quelques exemples des difficultés créées par l'emploi des diverses clefs.

Dans son « *Traité d'Instrumentation* », *(page 61)*, et dans son « *Cours d'Orchestration* »; *(page 9)*, Gevaert indique ainsi l'étendue du violoncelle :

soit 3 clefs différentes pour indiquer l'étendue de 3 octaves $\frac{1}{2}$ d'un même instrument ! Toutefois il existe des raisons pour justifier ce luxe de Clefs. En effet, dans son *Traité d'Instrumentation, page 55*, parlant du violoncelle, le même auteur écrit :

« Beethoven *(dans un solo il est vrai)* ne craint pas de monter en sons naturels jusqu'au *Sol* ₄ :

« Pour la facilité de la lecture il vaut mieux substituer la *Clef de Sol* à la *Clef de Do* 4ᵉᵐᵉ dès que les li-
« gnes additionnelles se multiplient. On notera donc ainsi le passage ci-dessus :

« A propos de l'usage de la *Clef de Sol* dans la musique de violoncelle, faisons remarquer ici que les maî..
« tres classiques lorsqu'ils se servent de cette clef *(et cela est fréquent dans leur musique de chambre)* écrivent
« toutes les notes *une octave au-dessus de leur diapason réel.* »

Et plus loin, *(page 56)*, Gevaert ajoute :

« Afin d'éviter toute équivoque on fera bien de n'employer la *Clef de Sol* qu'après la *Clef de Do*, et de noter
« les sons à leur hauteur effective. »

Que de précautions à prendre pour arriver à écrire un peu clairement !

Si maintenant nous voulons écrire un simple Quatuor à cordes, il nous faudra employer au moins 3 clefs différentes : celle de *Sol* pour les deux violons ; celle de *Do* 3ᵉ ligne pour l'alto ; et enfin celle de *Fa* et pour le violoncelle, qui exigera peut-être encore celle de *Do* 4ᵉ ligne : même celle de sol, si la partie est un peu élevée.

Quel luxe de clefs, et surtout de difficultés ! !

Je puis encore signaler cet autre inconvénient de l'emploi des clefs dans l'ancienne notation.

Dans un passage comme celui-ci, par exemple :

le *si* et le *mi*, de la *Clef de Sol*, ne se trouvent plus sur la même ligne que les bémols placés à l'armure, ce qui peut produire des incertitudes chez les commençants.

Enfin, qui pourrait nier les inconvénients et les difficultés que suscitent les changements brusques de clefs se succédant rapidement, comme il arrive assez souvent dans certains passages de croisements de mains sur le Piano, et dont la lecture force l'esprit à exécuter une véritable gymnastique, inabordable à première vue pour la plupart des pianistes.

Tel est, par exemple, le passage suivant :

qui se traduit simplement ainsi, en **Notation Frémond** :

Je pourrais encore citer une foule d'exemples dans lesquels l'emploi des clefs est une source de complications ; mais cela m'entraînerait trop loin.

6°.—La Notation Frémond supprime l'emploi des dièses et des bémols *tant à l'armure que devant les notes.*

Cette suppression des dièses et des bémols de l'écriture musicale constitue une nouvelle et importante simplification, dont les principaux avantages consistent à caractériser la position des demi-tons dans la gamme diatonique; à faire voir immédiatement à l'exécutant l'intervalle exact qui sépare les notes les unes des autres; à faciliter les études instrumentales; enfin à faire disparaître de l'écriture musicale des signes encombrants, et dont l'emploi complique, dans la plupart des cas, l'étude des intervalles musicaux.

Quant aux doubles dièses et aux doubles bémols, dont l'emploi accidentel vient aussi compliquer l'écriture musicale, je ne les rappellerai ici que pour mémoire.

Avec les armures accidentées, l'exécutant est obligé de faire de grands efforts pour se rappeler constamment quelles sont les notes altérées, ce qui constitue une assez grande difficulté, surtout lorsque l'armure comprend plus de 2 ou 3 accidents.—Notons de plus que l'exécutant doit en même temps se rappeler dans quelle clef est écrit le morceau, ce qui augmente encore la difficulté.

D'autre part, pour donner une idée de l'encombrement produit par les divers signes d'altération, tant à l'armure que dans le courant des morceaux, il me suffira de mettre sous les yeux du lecteur l'exemple suivant, pris entre mille, et qui est extrait de la *«Symphonie pastorale»* de BEETHOVEN. *(Voir également l'exemple de la page 25.)*

Qu'il me soit encore permis de donner un dernier exemple de l'encombrement et des difficultés créées, dans l'ancienne notation, par la complication des armures, par l'emploi des signes d'altération, par les changements de clefs, par les lignes d'octaves, etc., etc.; exemple tiré de *«La Campanella»* de LISZT, (*Voir page 34*) — Les passages de ce genre sont d'ailleurs très-fréquents dans la musique moderne.

Inutile de dire que toutes les difficultés signalées précédemment disparaissent avec la **Notation Frémond**, ainsi qu'il est facile de s'en convaincre par l'examen de la traduction que j'en ai faite *page 35*, et que le lecteur voudra bien me permettre de commenter rapidement.

OBSERVATIONS RELATIVES À LA TRANSCRIPTION CI-APRÈS
Notation Frémond

La page est beaucoup moins encombrée; par suite la lecture en est beaucoup plus facile, car tout ressort bien clairement.

Toutes les clefs sont supprimées.

Toutes les armures sont supprimées.

Toutes les lignes d'octaves sont supprimées.

Toutes les *altérations accidentelles* sont supprimées, et je ferai remarquer qu'elles étaient nombreuses.

Il y a beaucoup moins de lignes supplémentaires.

Les passages en octaves sont simplifiés. J'ai laissé en doubles notes les octaves de la mesure 3 afin de faire voir les deux manières différentes dont on peut représenter les octaves. *(Comparer les mesures 3 et 5).*

Les changements brusques de clefs sont supprimés. Ils créaient une assez grande difficulté dans les mesures 3 et 5, et pouvaient entraîner l'exécutant à jouer faux.

Au premier coup d'œil on voit que les notes de la 1ère portée forment une gamme *chromatique*, nettement indiquée par les changements de couleur des notes. Aucune hésitation n'est possible.

On distingue également, à première vue, le *diapason* exact de chaque note ou passage, c'est-à-dire sa véritable position dans l'étendue générale des sons.

De même, on voit immédiatement que la mesure 8 est exactement la même que la mesure 7; seulement les notes qui la composent sont 1 octave plus bas comme intonation. Cette particularité ne ressort pas dans l'ancienne notation.

On voit de suite, dans la mesure 2, que les 13 notes ne forment qu'un temps. — La double barre ne limite donc pas cette mesure, qui est à 2 temps ($\frac{2}{4}$ en ancienne notation).

J'ai indiqué les sixièmes de temps avec les deux barres continues:

et non ainsi: ♩♩♩♩ première note ♩♩♩♩ , parce que j'ai supposé que Liszt n'avait voulu accentuer que la de chaque groupe. C'est d'ailleurs le Compositeur qui doit préciser ses idées à ce sujet, la **Notation Frémond** lui en fournissant tous les moyens.

J'ai cru pouvoir diviser les 2 temps dans les deux dernières mesures 10 et 11, ne voyant pas de raison spéciale pour agir autrement.

Je dois encore faire remarquer l'économie de papier et le moindre encombrement obtenus par l'emploi de la **Notation Frémond**.

Enfin je crois également convenable d'appeler l'attention sur les difficultés de toutes sortes que renferme cette page de musique, que j'ai choisie expressément pour cette raison, afin que le lecteur puisse s'assurer, *de visu*, que l'on peut toujours traduire en **Notation Frémond** une œuvre quelconque, quelles que grandes que soient les difficultés dont elle puisse être hérissée.

Il paraîtra peut-être étrange à certaines personnes que je supprime de l'armure les dièses et bémols, qui, dans l'ancienne notation, servent à indiquer le ton dans lequel se trouve écrit le morceau.

A cela je répondrai que dans la **Notation Frémond**, de même que dans l'ancienne notation, le ton doit toujours être spécifié au commencement du morceau. Il n'y a que la façon de l'indiquer qui varie. — Dans la **Notation Frémond** on se contente d'inscrire le ton au commencement du morceau; tandis que dans l'ancienne notation on l'indique au commencement de chaque portée, au moyen de ♯ ou de ♭, ce qui est beaucoup plus compliqué.

Mais, dira-t-on peut-être, si, dans la **Notation Frémond**, on oubliait d'inscrire le ton au commencement du morceau, il faudrait faire un travail de recherches pour retrouver la tonalité.

Cela est vrai. Mais supposons que l'on oublie également, dans l'ancienne notation, d'écrire les ♯ ou ♭ qui doivent constituer l'armure. Est-ce que l'on ne serait pas obligé de faire le même travail?

Je dirai même plus: Dans ce dernier cas, l'exécutant supposera naturellement que le morceau est dans le ton de *Do*, ce qui donnera lieu à une foule d'erreurs, car toutes les notes que l'armure devrait indiquer comme étant altérées, seront fausses; et, pour pouvoir continuer, l'exécutant devra absolument rechercher dans quel ton est écrit le morceau, afin de connaître les notes qui doivent être altérées.

Avec la **Notation Frémond** rien de tout cela n'arrive. — Si le ton n'est pas indiqué, l'on pourra sans inconvénient et sans aucune crainte, exécuter le morceau, car toutes les notes seront justes. L'indication du ton est un renseignement dont on peut parfaitement se passer dans la **Notation Frémond**, bien que je recommande cependant de toujours l'inscrire.

Dans le cas où l'on voudrait quand même connaître le ton du morceau, rien ne serait plus facile, car il suffirait de chercher quelles sont les notes de la gamme diatonique de *Do* qui ont été remplacées. — D'ailleurs, pour plus de détails, on pourra consulter mon *«Traité élémentaire de Musique»*. — Voir également la note de la page 41, relative au même sujet.

Enfin je ferai remarquer dans la **Notation Frémond** les gammes diatoniques de tous les tons majeurs ont une *composition graphique identique*; à savoir: 3 notes *blanches* suivies de 4 notes *noires*, ou vice-versâ: 3 notes *noires* suivies de 4 notes *blanches*.

De même, dans ma notation chiffrée les gammes majeures sont formées de 3 chiffres non barrés suivis de 4 chiffres barrés, ou vice-versâ: 3 chiffres barrés suivis de 4 chiffres non barrés.

Il en est de même pour les gammes mineures, qui ont également une composition graphique identique.

Cette uniformité est loin d'exister dans l'ancienne notation, dont les diverses gammes se différencient par un nombre plus ou moins grand de notes diésées ou bémolisées.

7°. — Appréciation immédiate de la valeur et de la nature des intervalles.

Afin de donner une idée de la façon dont je considère les intervalles, dans mon nouveau mode de notation, je vais entrer ici dans quelques détails que je m'efforcerai d'exposer aussi succinctement que possible.

J'admets 3 espèces d'intervalles: le *juste*, le *majeur*, et le *mineur*.

L'intervalle *juste* comprend toujours un nombre juste de tons.

Voici comment je désigne ceux qui sont compris dans les limites de la gamme:

Valeur de l'intervalle:	1ton	2tons	3tons	4tons	5tons	6tons
Intervalle de:	prime,	seconde,	tierce,	quarte,	quinte,	sixte.

Ainsi donc, le nom d'un intervalle juste indique le nombre de tons que contient cet intervalle. Exemple: *quarte juste* = 4 tons.

L'intervalle *majeur* vaut $\frac{1}{2}$ ton de plus que l'intervalle juste.

" La Campanella ", de Liszt.

1er Passage, extrait de la page 9.

Notation actuelle.

2e Passage, extrait de la page 11.

" La Campanella ", de Liszt.

1er Passage, extrait de la page 9.

2e Passage, extrait de la page 11.

Ainsi la *quarte majeure* vaut $4^{tons} \frac{1}{2}$.

L'intervalle *mineur* vaut $\frac{1}{2}$ ton de moins que l'intervalle juste.

Ainsi la *quarte mineure* vaut $3^{tons} \frac{1}{2}$.

De ce qui précède il résulte naturellement qu'un intervalle majeur a la même valeur que l'intervalle mineur qui lui est immédiatement supérieur.

Ainsi la *tierce majeure* contient $3^{tons} \frac{1}{2}$, et la *quarte mineure* contient également $3^{tons} \frac{1}{2}$.

Ces nouvelles dénominations des intervalles facilitent beaucoup l'étude de leurs valeurs. C'est ainsi qu'après une seule leçon, l'élève peut dire, sans hésiter, quelle est la valeur d'un intervalle quelconque, simple ou redoublé, nommé ou écrit, ce qu'il est impossible d'obtenir avec l'ancienne notation.

De plus il est beaucoup plus rationnel d'appeler le 1er intervalle : *prime*, le 2me : *seconde*, etc.

Le tableau suivant indique les divers intervalles qui existent entre la tonique et les différentes notes qui composent la gamme diatonique. — Les secondes, tierces, quartes, etc., sont celles dont j'ai indiqué la valeur précédemment, et qu'il faut bien se garder de confondre avec les secondes, tierces, quartes, etc., que l'on considère dans la théorie harmonique actuelle.

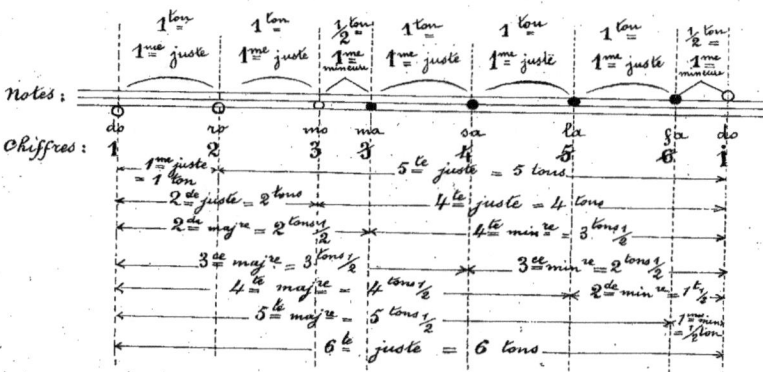

L'examen de ce tableau fait voir que les intervalles pairs sont placés de la même façon que le son initial sur les lignes ou interlignes de la portée.

Ainsi la 2de, la 4te, et la 6te de *Do* sont placées dans les interlignes, puisque la note *Do* se trouve dans un interligne.

Les intervalles impairs : 1me, 3me, et 5me, se trouvent sur une ligne si le son de départ occupe un interligne, et réciproquement.

Ainsi la note *Do* étant dans un interligne, sa tierce *Sa* se trouve sur une ligne, de même que sa quinte *Fa*.

Remarquons de plus qu'il n'existe d'*intervalles justes* qu'entre des notes de *même terminaison* et de *même couleur*, ou bien encore entre des *chiffres barrés* ou des *chiffres non barrés*.

Pour obtenir le nom du *Complément* ou du *Renversement* d'un intervalle simple, on retranche de 6 le nombre indiqué par le nom de l'intervalle.

Ainsi le complément de la 2de est la 4te, car 6—2 = 4.

Si l'intervalle est *majeur*, son complément est *mineur*, et réciproquement. Ainsi la 2de majeure a pour complément la 4te mineure. — La 3me mineure a pour complément une 3me majeure, etc.

Les intervalles *justes* ont pour compléments des intervalles *justes*.

Pour les *Intervalles redoublés* la série des noms continue comme pour les intervalles simples. On obtient ainsi :

Intervalles de :	7ème,	8ème,	9ème,	10ème,	11ème,	12ème,	etc.
comprennent respectivement :	7 tons	8 tons	9 tons	10 tons	11 tons	12 tons	etc.

Pour obtenir le nom d'un intervalle redoublé il suffit d'ajouter 6 au nombre indiqué par le nom de l'intervalle simple.

Ainsi la 2de redoublée donne la 8ème, car 2+6 = 8.

De même la 12ème n'est autre chose que la 6te redoublée, car 12—6 = 6.

Etant données ces quelques notions, et afin que le lecteur puisse bien se rendre compte de la facilité obtenue avec la **Notation Frémond**, pour analyser les accords et juger de leur effet harmonique, je vais indiquer brièvement comment on peut connaître et apprécier, à première vue, les intervalles qui composent quelques accords d'usage usuel, dont nous comparerons les modes de représentation dans les deux notations.

Je ferai remarquer tout d'abord qu'avec la disposition des accords par séries de tierces superposées, (ancienne notation), la lecture de ces accords peut paraître plus facile à première vue, et leur disposition plus rationnelle que dans la **Notation Frémond**. Mais ce n'est là qu'un trompe-l'œil, d'autant plus que cette disposition n'existe qu'autant que les accords sont employés à l'état direct, c'est-à-dire dans des cas assez limités.

Or les accords sont avant tout des assemblages d'intervalles de valeurs déterminées. Avec l'ancienne notation, et seulement lorsqu'il s'agit d'accords directs, on voit bien à première vue si les accords sont parfaits (2 tierces superposées), ou de septième (3 tierces superposées), ou de neuvième (4 tierces superposées), mais on ne se rend aucun compte de leur composition harmonique. Tandis qu'avec la **Notation Frémond** on voit immédiatement cette composition et l'on sent les effets harmoniques de l'accord. Peu importe la disposition de ses notes sur la portée !

C'est là un avantage considérable en faveur de la **Notation Frémond**, et dont l'importance n'échappait pas à MM. DAVIN et LUSSY, lorsqu'ils disaient *(Histoire de la notation musicale, page 192):*

« Mais hélas ! toute médaille a son revers, et le soleil même a des taches. Notre système de notation a aussi « ses défauts.

« Le premier c'est qu'il ne peint pas la grandeur exacte de l'intervalle et que rien ne montre à l'œil si les « intervalles sont majeurs ou mineurs, de sorte que l'on est obligé d'avoir recours à une opération mentale, com- « me d'ailleurs dans tous les systèmes d'écriture musicale proposés jusqu'à ce jour. »

Voyons donc les avantages de la **Notation Frémond** sous ce rapport.

Ancienne Notation   *Notation Frémond*

Accord parfait mineur

Dans le 1er accord *(ancienne notation)* rien n'indique à la vue qu'il existe une différence entre les deux intervalles.

Dans le 2ème accord, en **Notation Frémond**, le changement de couleur des notes inférieures indique que l'intervalle est fractionnaire en bas, tandis qu'il est juste en haut. On voit donc immédiatement que l'accord est mineur.

Dans ma notation chiffrée l'absence ou la présence des barres sur les chiffres produit les mêmes résultats que les différences de couleur des notes. Ce que je dirai pour celles-ci pourra donc également s'appliquer aux chiffres.

Si je représente ce même accord, majeur ou mineur suivant la tonalité, j'obtiens :

Accord majeur   *Accord mineur*

Ancienne Notation   *Ancienne Notation*

Notation Frémond   *Notation Frémond*

Comme on le voit, la différence est des plus caractéristiques.

Comme autre exemple, représentons l'accord de septième de dominante de *Do* majeur, dans les deux notations. Nous obtenons:

Ancienne Notation   *Notation Frémond*

Dans le 1er accord *(ancienne notation)* rien n'indique les différences qui existent entre les divers intervalles.

Dans le 2e accord, en **Notation Frémond**, les changements de couleur des notes font voir, très-distinctement les intervalles qui existent entr'elles, et qui caractérisent parfaitement la nature de l'accord.

Voyons maintenant les renversements de cet accord, pour lesquels nous pourrions encore faire les mêmes remarques.

1er Renversement   *2ème Renversement*   *3ème Renversement*

Ancienne Notation

Notation Frémond

Citerai-je encore cet exemple extrait du «*Ballet de Prométhée*» de BEETHOVEN :

Harpe *qui se traduit ainsi*
en
Notation Frémond *Harpe*

A première vue l'on voit, avec la **Notation Frémond**, que cet arpège se compose de 4 accords parfaits majeurs superposés, ce qu'il est impossible de distinguer dans sa représentation en ancienne notation.

Ainsi qu'il est facile de le voir par les exemples précédents, l'écriture des accords en **Notation Frémond** permet de se rendre compte, facilement et exactement, de la valeur des divers intervalles qui les composent, et par suite de déterminer immédiatement et à simple vue, la nature de ces accords, ce qui n'a pas lieu avec l'ancienne notation, surtout lorsqu'il y a des dièses ou des bémols à l'armure.

Dans ce dernier cas, en effet, il faut toujours avoir soin de tenir compte de l'armure pour déterminer le genre de l'accord.

Ainsi l'accord: qui, à première vue, paraît être un accord parfait mineur, à cause de la tierce mineure *ré fa*, est en réalité un accord parfait majeur, par suite du *fa* ♯ de l'armure.

Traduit en **Notation Frémond**, cet accord devient: écriture qui fait voir immédiatement les divers intervalles qui entrent dans la composition de cet accord.

Je ferai de plus remarquer qu'aux difficultés produites par les ♯ ou ♭ de l'armure viennent encore s'ajouter celles provenant des altérations accidentelles qui, trop souvent hélas, viennent compliquer à l'extrême la représentation des accords. (*Voir les exemples des pages 32 et 34*).

Ces altérations sont la source de continuelles hésitations et rendent difficile la lecture des accords, sans compter les difficultés que l'on éprouve pour les analyser.

Enfin je terminerai ces considérations sur l'analyse des accords par la représentation de quelques intervalles pris dans différentes tonalités, laissant au lecteur le soin d'apprécier lequel des deux modes de notation prête le moins à confusion et donne l'idée la plus exacte de la composition des intervalles et des accords, et par suite de leur effet harmonique.

Ancienne Notation :

Notation Frémond :

Ainsi donc, dans le calcul de la valeur des intervalles de l'ancienne notation, il faut non-seulement tenir compte de la position des 2 notes qui les forment, mais encore des ♯ ou ♭ qui sont indiqués à l'armure, ainsi que des accidents dont ces notes sont affectées.

Comme on le conçoit, cela complique singulièrement ces opérations. Aussi la supériorité de la **Notation Frémond** est-elle encore incontestable sous ce rapport.

8° — Grande facilité de lecture et d'analyse des accords et des Partitions.

Nous venons de voir que la **Notation Frémond** permet la représentation des accords formés d'un nombre quelconque de notes, et qu'elle facilite énormément l'analyse des intervalles qui composent ces accords.

Il y a plus. Comme la même note occupe toujours la même position dans toutes les octaves, on peut saisir beaucoup mieux l'ensemble des accords formés par les différentes parties, et par suite, *la lecture des Partitions se trouve beaucoup facilitée.*

Comme exemple il me suffirait de faire voir comment un même accord se trouve représenté sur les 2 portées d'une *Partition de Piano*, dans l'ancienne notation et dans la **Notation Frémond**.

Ancienne Notation *Notation Frémond*

Dans l'ancienne notation les notes de l'accord (*do mi sol do*) ne sont pas placées sur les mêmes lignes ou interlignes dans les deux portées; il faut donc faire un double travail de lecture.

Dans la **Notation Frémond**, au contraire, les notes des 2 accords occupent les mêmes positions; elles ne diffèrent que par leurs formes qui indiquent immédiatement que les notes du 2ème accord sont une octave plus basses que celles du 1er.

Comme autre comparaison entre l'ancienne notation et la **Notation Frémond**, je ferai encore voir comment se trouvent représentés les *Passages en octaves*, dans chacune d'elles.

Ancienne Notation:

Le dernier accord de cet exemple n'a pas été composé, comme quelques p e r s o n n e s pourraient le croire, pour les besoins de la cause. Il est extrait d'une page de la Partition de la 9ème *Symphonie* de BEETHOVEN, où en existent beaucoup d'autres analogues.

Notation Frémond:

Citerai-je encore, comme exemple, la façon d'écrire employée pour les études d'harmonie et par un grand nombre de compositeurs, manière d'écrire qui exige la connaissance parfaite des clefs de *Sol* et de *Fa*, et de 3 clefs de *Do*, sous peine de ne pouvoir comprendre et analyser le moindre morceau de musique.

EXEMPLE DE 5 VOIX CHANTANT À L'UNISSON:

Ancienne Notation: *Notation Frémond:*

avec notes:

avec chiffres:

Ainsi qu'on peut en juger par cet exemple, avec la **Notation Frémond** on voit immédiatement que les 5 parties chantent la même note; tandis qu'au contraire, au premier abord, l'ancienne notation donne une idée toute différente.

Il suffira d'examiner la transcription ci-après (page 41) d'une page de la Partition des «*Huguenots*» de MEYERBEER, pour se rendre compte de la facilité obtenue avec la **Notation Frémond**, pour la lecture des Partitions. Cette page, qui contient 24 parties, est écrite en ancienne notation avec 5 clefs différentes, et le cas cité ci-dessus s'y présente pour les parties de chant, (20ème, 21ème, 22ème portées).

Je ne crois pas nécessaire de faire ressortir les difficultés que l'on éprouve pour lire à première vue ou pour analyser les accords d'une Partition semblable écrite en ancienne notation. Ceux qui sont appelés à faire tous les jours cet exercice seront, je n'en doute pas, de chauds partisans de la Réforme proposée.

Il serait inutile, dans ce rapide *Exposé*, de m'étendre davantage sur ce sujet, et de vouloir faire ressortir outre mesure l'énorme facilité obtenue avec la **Notation Frémond** pour la *lecture des accords*, et leur analyse à première vue dans une Partition quelconque. Les exemples donnés précédemment suffiront largement, je l'espère, pour convaincre les plus incrédules.

Qu'il me soit cependant permis d'ajouter ici que la *lecture* et *l'écriture des Partitions* seraient encore bien plus simplifiées, et, on peut le dire, réduites à leur plus grande simplicité, par l'adoption de la *Réforme instrumentale* proposée et poursuivie depuis quelques années par Mr. CHAUSSIER, de Paris, réforme qui, comme on le sait, consiste à construire tous les instruments dans la tonalité de *Do*.

Dans ce cas, en effet, l'orchestration d'une Partition n'exigerait aucune transposition, et avec l'emploi de ma nouvelle notation, sa lecture serait encore bien plus facile que celle d'une Partition actuelle de Piano.

En effet, toutes les parties, quelqu'en soit le nombre et le genre, seraient écrites à leur *diapason réel*, et pour ainsi dire avec une *clef unique*, tandis que la Partition actuelle de Piano comprend encore 2 clefs dont l'emploi présente, comme nous l'avons vu, de nombreuses difficultés.

La Réforme de la tonalité des Instruments, bien qu'absolument indépendante de celle de la notation musicale, viendrait donc cependant compléter utilement celle-ci en ce qui concerne la facilité d'orchestration et de lecture des Partitions.

« Les Huguenots », de Meyerbeer

Bénédiction des poignards.

Notation Actuelle

« Les Huguenots », de Meyerbeer

BÉNÉDICTION DES POIGNARDS

Notation Frémond

NOTA. — Je crois devoir faire remarquer que dans la transcription, en NOTATION FRÉMOND, de cette page de Partition, les indications du ton à l'armure ne sont nullement nécessaires pour l'Exécution, et qu'on pourrait les supprimer sans le moindre inconvénient, puisque toutes les notes sont écrites à leur véritable degré d'intonation.

Ces indications n'ont d'autre objet que de faire ressortir les différences qui existent entre les diverses parties, et qui sont dues aux différences de tonalité des instruments.

Si tous les instruments étaient fabriqués dans le ton de *Do*, (voir page 42), on pourrait se contenter d'indiquer la tonalité du morceau au commencement de chaque page, ainsi qu'à chaque changement de tonalité; et cela, je le répète, à titre de *simple renseignement*.

Voici d'ailleurs ce qu'on peut lire à ce sujet dans le *Traité d'instrumentation*, de GEVAERT *(Page 108)*:

« La notation musicale, dans son application aux instruments à vent, présente plusieurs singularités qui ren-
« dent la lecture des partitions modernes *difficile* et *rebutante* pour un commençant. La plus frappante est l'usage
« d'écrire certaines parties instrumentales dans une tonalité fictive, en sorte que les notes n'indiquent pas la hau-
« teur absolue des sons, mais seulement leur hauteur relative. Il ne s'agit donc pas ici d'un simple déplacement
« d'octave, comme nous l'avons vu pour la contrebasse et pour la guitare. Les instruments à vent dits *transpo-*
« *siteurs* figurent dans la partition avec une armure autre que celle du ton réellement perçu par l'oreille. A cette
« catégorie appartiennent les clarinettes, le cor anglais, les saxophones, et tous les instruments à embouchure,
« les trombones exceptés.
« Voici la raison de cette habitude en apparence si bizarre. A l'origine, les instruments à vent furent des
« appareils grossièrement construits, pauvres en ressources musicales, leur échelle étant des plus restreintes.....
« etc.... »

et plus loin, page 109.

« Ce procédé a été adopté pour la facilité de l'exécution. En effet, l'esprit de l'instrumentiste, par la force de
« l'habitude, établit une relation plus directe entre la note et le doigt à mouvoir qu'entre la note et l'intonation.
« Il s'ensuit de là que les instruments dont le diapason a été baissé d'un intervalle quelconque, se trouvent haus-
« sés d'autant dans l'écriture; et réciproquement, ceux dont le diapason a été haussé sont notés plus bas du même
« intervalle. Sur les cors et les trompettes simples, la transposition s'effectue également d'elle-même par l'appo-
« sition des corps de rechange. La musique destinée à ces instruments s'écrit comme si la fondamentale était
« invariablement *Ut₁*. »

Poursuivant son étude, MR. GEVAERT écrit encore, *page 112:*

« La question de savoir si les sons réels se trouvent au grave ou à l'aigu des sons écrits ne peut se résou-
« dre rationnellement que par l'étude détaillée des instruments individuels. Par anticipation sur cette étude, disons
« ici que toutes les flûtes transposées sonnent plus haut dans leurs meilleurs tons; les clarinettes, les saxopho-
« nes et les saxhorns sonnent plus bas, à l'exception de leurs variétés les plus aiguës. Faisons remarquer en
« outre que pour certains instruments, l'écart entre les notes et les sons réels dépasse une et même deux oc-
« taves. »

L'emploi des instruments en *Do*, de MR. CHAUSSIER, remédie complétement aux singularités et aux inconvénients signalés ci-dessus; et afin de donner au lecteur une idée des *avantages* obtenus, au point de vue instrumen-
tal, par la réforme de MR. CHAUSSIER, je me permettrai d'énumérer ici les principaux de ces avantages qui, à n'en
pas douter, finiront par être universellement reconnus, dans un avenir plus ou moins éloigné.

Avec les instruments CHAUSSIER, l'exécutant joue toujours la *note réelle* comme le Piano ou le Violon, tandis
qu'avec les instruments ordinaires transpositeurs, la note produite étant différente de celle qui est écrite, l'exécutant ne peut se rendre compte de l'intonation exacte.

Ainsi en jouant un *do* sur un cornet à pistons en *si♭*, on obtient en réalité un *si♭*, tandis qu'en jouant
la même note *do* sur un cornet en *la* on obtient réellement la note *la*.

On avouera que jouer la note *do* et obtenir la note *la* est un système barbare pour apprendre et surtout pour
retenir l'intonation des notes.

Avec l'adoption de la tonalité uniforme de *Do* on peut, avec un instrument quelconque: cor, cornet à pistons,
bugle, basse, etc., exécuter, avec accompagnement de Piano si on le désire, un morceau écrit pour le Violon par
exemple, sans être obligé d'opérer la moindre transposition.

Si l'on veut réduire pour le Piano une partition quelconque d'orchestre, ou vice-versa, il faut, avec les instruments employés actuellement, opérer une série de transpositions qui n'ont rien d'agréable pour celui qui n'est
pas rompu à la pratique de ces opérations, tandis qu'avec les instruments CHAUSSIER aucune difficulté ne se présente, car aucune transposition n'est nécessaire.

D'autre part, avec le système actuel, on est obligé, afin d'éviter de trop grandes difficultés, de se maintenir
dans certaines tonalités peu chargées d'accidents, ce qui a pour résultat de produire des musiciens routiniers,
qui, étant de plus munis d'instruments incomplets, ne peuvent arriver à jouer les œuvres des grands maîtres.

Pour les mêmes raisons, les compositeurs actuels ne peuvent dépasser certaines limites assez restreintes, sous
peine de voir dénaturer leurs œuvres, faute de pouvoir les faire interpréter convenablement.

Et puis, avec les instruments CHAUSSIER, le solfège peut être appris en même temps que l'usage des instruments, de même que le chant peut être soutenu par un instrument quelconque exécutant la même partie, puisque
celui-ci joue la note réelle.

Pour la même raison un Chœur peut être accompagné sans la moindre difficulté par un ensemble instru-
mental quelconque: Orchestre, Harmonie, ou Fanfare, puisque tous les instruments jouent dans le même ton que
celui voulu pour le morceau de chant, ce qui n'existe pas avec les tonalités instrumentales actuelles.

De plus, si dans le cours d'une exécution, le Chef s'aperçoit d'une incorrection dans l'écriture d'une partie, il
peut la rectifier rapidement, car il n'a pour cela aucune transposition à opérer.

Tels sont, *grosso modo*, les avantages réalisés par les instruments CHAUSSIER ramenés au ton uniforme de *Do*,
et qui ont reçu l'approbation de compositeurs tels que GOUNOD, SAINT-SAËNS, MASSENET, JONCIÈRES, PALADILHE,
VINCENT D'INDY, etc., et de chefs de musiques ou artistes tels que WETTGE, JONAS, LACHANAUD, GRUYER, etc. etc.

Enfin, avec une Fanfare composée exclusivement d'instruments en *Do*, MR. CHAUSSIER a prouvé que l'on
pouvait construire tous les instruments dans ce ton, sans altérer en aucune façon leur sonorité spéciale ou leur
timbre caractéristique; et, dans un grand concert donné par cette Fanfare au palais du Trocadéro de Paris, pendant l'exposition de 1889, ainsi que dans plusieurs autres circonstances, il a mis en complète évidence les nouvelles ressources dont peut profiter l'Art musical avec l'emploi de ces instruments, dont l'usage devrait se géné-
raliser beaucoup plus rapidement.

Une autre Réforme que je crois devoir signaler ici à cause de sa relation intime avec ma nouvelle notation, est celle entreprise par Mr. Jankó, de nationalité hongroise, et qui consiste à modifier le *Clavier de Piano* de façon à en faciliter le mécanisme, et à simplifier considérablement les études sur cet instrument.

La planche adjointe *(page 45)* fait voir la disposition du Clavier Jankó, dont j'ai modifié les couleurs de touches de façon à les faire correspondre aux couleurs des notes de la **Notation Frémond**.

D'autre part, le tableau de la *page 44* fait voir la concordance qui existe entre les touches de ce nouveau clavier et les diverses notations: *ancienne, chiffrée*, et **Notation Frémond** *(avec notes et avec chiffres)*.

Quant aux *avantages* que présente le clavier Jankó sur l'ancien, les voici résumés le plus clairement et le plus succinctement possible:

Les octaves sont disposées de la même façon sur le clavier que dans la **Notation Frémond**, ce qui n'a pas lieu avec la notation et le clavier actuels.

Les touches blanches du clavier correspondent aux notes blanches, et les touches noires aux notes noires, ce qui facilite beaucoup les études.

Les rectangles noirs placés au milieu des touches blanches indiquent les notes *do*, et les cercles noirs placés au milieu des touches blanches indiquent les notes *so (fa#)* qui occupent le milieu des octaves, ainsi que de la portée.

La même distinction a lieu pour les notes *da* et *sa* qui se trouvent sur les rangées de touches noires.

Ce sont donc des points de repère analogues aux deux touches blanches consécutives du clavier actuel, mais qui se distinguent encore mieux.

Les 3 touches blanches placées l'une en face de l'autre sont solidaires et ne forment par conséquent qu'une seule et même touche; de sorte que lorsqu'on appuie sur l'une de ces 3 touches, les 2 autres s'abaissent en même temps. Il en est de même des touches noires.

Le clavier est légèrement incliné d'avant en arrière, en montant, de façon à présenter aux doigts une surface plus perpendiculaire. On gagne ainsi de l'agilité, car la main occupe une position plus naturelle.

Pour un même morceau, *le doigté est exactement le même dans tous les tons d'un même mode*. Ainsi pour jouer une gamme diatonique majeure par exemple, on emploie le doigté indiqué sur le clavier ci-après par une ligne pointillée *(gamme de Do majeur)*, doigté qui est toujours le même quelque soit le ton majeur dans lequel on exécute.—Dans ce doigté, le pouce est représenté par le chiffre 1, et les doigts suivants par les chiffres 2, 3, 4, et 5, ce dernier représentant le petit doigt. (Ne pas confondre ces chiffres, qui représentent les numéros d'ordre des doigts, avec les chiffres qui représentent les sons dans la notation chiffrée.)

Il n'y a donc qu'un doigté unique pour toutes les gammes d'un même mode, au lieu des 12 doigtés différents que l'on est obligé d'apprendre avec le clavier actuel. De sorte que les 24 doigtés des gammes majeures et mineures se réduisent seulement à *deux* sur le clavier Jankó.

Il résulte de cette uniformité de doigté que les transpositions se trouvent beaucoup simplifiées, car pour transposer un nombre quelconque de tons, soit plus haut, soit plus bas, il suffit d'exécuter exactement le même doigté un peu plus à droite ou à gauche, suivant l'intervalle de transposition. — Si cet intervalle comprend un ½ ton, on peut commencer à la rangée supérieure ou inférieure, à volonté. *(Voir le doigté de la gamme de Da majeur (do #), indiqué sur le clavier par une ligne de +.)*

Un même accord s'exécute aussi de la même manière dans tous les tons. — De plus, les couleurs des touches que l'on doit jouer sont indiquées par les couleurs des notes qui composent l'accord, (dans la **Notation Frémond**).

Une même gamme, un même accord, un même passage, etc., peuvent, si on le désire, être exécutés de plusieurs façons différentes, ce qui peut être avantageux dans certains cas.

Les différents doigts occupent toujours une position beaucoup plus naturelle qu'avec le clavier actuel. — Les passages du pouce sont aussi, beaucoup plus faciles.

Toutes les gammes chromatiques se font très-facilement avec deux doigts, et beaucoup plus régulièrement que sur l'ancien clavier.—D'autre part, les gammes diatoniques et chromatiques glissées sont également d'une exécution très-facile.

Les touches noires ne faisant pas saillie sur les blanches, et toutes les touches présentant des surfaces arrondies, on n'est pas exposé à se meurtrir les doigts sur les angles, comme sur le clavier actuel.

Les octaves étant plus courtes *(1 touche de moins)*, et les touches étant plus étroites, les passages en octaves s'exécutent avec beaucoup plus de facilité, et la même main ou peut embrasser une extension plus grande *(une dixième au lieu d'une octave)* tout en remplissant facilement l'intervalle avec d'autres notes.

L'exécution des accords, des arpèges, des sauts, et des croisements de mains, se trouve beaucoup facilitée. Les passages liés se font aussi beaucoup plus rigoureusement.—De plus, certains traits ou accords inexécutables sur l'ancien clavier, s'exécutent très-facilement sur le nouveau.

Enfin, par suite de la réduction d'étendue des octaves, le nouveau clavier est beaucoup moins long que l'ancien, ce qui facilite l'exécution.

Comme on le voit, le clavier Jankó *(qui peut s'adapter à tous les instruments à clavier)* possède sur le clavier actuellement employé une *supériorité incontestable*, et réalise un progrès digne d'être pris en sérieuse considération.

———

Les explications consignées dans les pages précédentes m'ont peut-être entraîné un peu loin. Mais elles ont leur importance; et j'espère que le lecteur voudra bien me pardonner d'avoir retenu si longtemps son attention sur ces sujets qui, je l'espère d'ailleurs, l'auront intéressé.

Ceci dit, reprenons l'énumération des avantages présentés par la **Notation Frémond**.

CLAVIER JANKÓ MODIFIÉ

POUR CORRESPONDRE À LA NOTATION FRÉMOND

CONCORDANCE DES TOUCHES DU CLAVIER

avec la NOTATION FRÉMOND, la NOTATION CHIFFRÉE et l'ANCIENNE NOTATION

Notation chiffrée (Galin - Paris - Chevé)

Ancienne Notation

Notation Frémond (notes)

Notation Frémond (chiffres)

Extension de 1 octave
(grandeur naturelle)

45

9°. — De même que l'ancienne notation, **la Notation Frémond permet la transposition, à première vue ou écrite, dans tous les tons majeurs ou mineurs,** *et quel que soit l'intervalle auquel on se propose de transposer.*

Pour la transposition à vue, on se sert d'*Echelles de transposition* dont l'usage est beaucoup plus simple et facile que l'emploi des clefs dans l'ancienne notation, ce qui permet de se familiariser en beaucoup moins de temps avec les diverses transpositions.

Pour former ces Echelles, je suppose le *Do* placé successivement sur les différentes lignes et interlignes de la portée, ce qui produit les échelles suivantes:

Echelle de Do 1er interligne:
(Position naturelle)

Echelle de Do 1ère ligne:

Echelle de Do 2e interligne:

Echelle de Do 2e ligne:

Echelle de Do 3e interligne:

Echelle de Do 3e ligne:

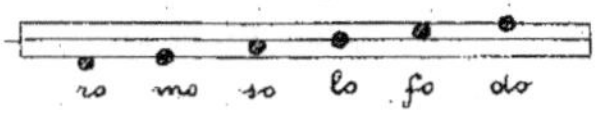

Remarquons que ces échelles sont absolument *fictives*, et que ces diverses positions de notes, sauf la première, *ne s'écrivent jamais.*

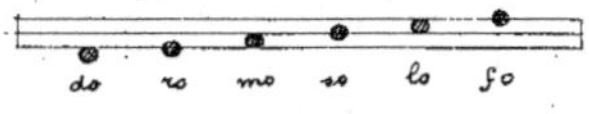

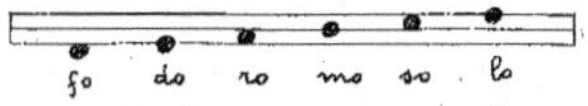

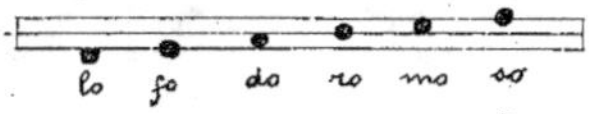

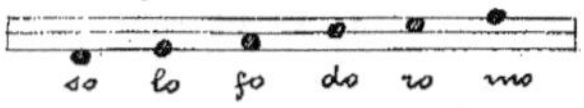

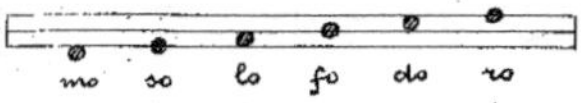

De plus, par suite de la position invariable des notes sur les lignes de la portée, ainsi que de l'emploi très-restreint des lignes supplémentaires, l'usage de ces échelles est bien plus facile que celui des clefs de l'ancienne notation.

En effet, il suffit seulement d'apprendre, pour chacune des 6 échelles de transposition, la position de 6 notes, puisque toutes les octaves se répètent de la même façon,—Tandis qu'avec l'ancienne notation il faut apprendre et retenir la position de 25 ou 30 notes pour chacune des 7 clefs, ce qui constitue un important travail et un obstacle des plus sérieux.

De plus, l'usage des clefs de transposition de l'ancienne notation est encore compliqué par l'emploi des clefs écrites.

En effet. Si tous les morceaux à transposer étaient écrits en *Clef* de *Sol*, par exemple, l'usage des différentes clefs de transposition ne présenterait pas encore de trop grandes difficultés. *(Elles se borneraient à celles indiquées ci-dessus.)*

Mais souvent les morceaux sont écrits en *Clef* de *Fa* ou de *Do* 1ère, 3e, ou 4e ligne, et alors les règles établies pour la transposition d'un morceau écrit en *Clef* de *Sol* doivent être changées si le morceau est écrit dans une autre clef. De sorte que par exemple, pour transposer d'une tierce supérieure un morceau écrit en *Clef* de *Sol*, il faut le lire en *Clef* de *Fa* 4e ligne, tandis que s'il est écrit en *Clef* de *Do* 3e ligne il faut le lire avec la *Clef* de *Do* 2e ligne; etc.

Avec la **Notation Frémond**, l'échelle de transposition est *toujours la même* pour le même intervalle de transposition.

Les exemples suivants pourront donner une idée de la simplicité obtenue pour la transposition avec la **Notation Frémond.**

Pour transposer une partition de Piano par exemple, il faut, avec l'ancienne notation, se servir de *2 clefs différentes*, une pour la portée écrite en *Clef* de *Sol*, et l'autre pour la portée écrite en *Clef* de *Fa*, et connaître pour *chacune de ces clefs* transpositrices, la position de *25 à 30 notes*. Tandis qu'avec la **Notation Frémond**, on ne doit se servir, pour les deux portées, que *d'une seule échelle*, ne contenant que *6 notes* dont les positions sont faciles à retenir.

Pour un *Chœur* écrit à 4 voix, avec 4 clefs différentes, il faut avec l'ancienne notation, employer *4 clefs de transposition* exigeant *chacune* la connaissance de *25 à 30 notes*, tandis qu'avec la **Notation Frémond** il suffit encore *d'une seule échelle*, ne contenant que *6 notes*.

En résumé, avec l'ancienne notation, les clefs à employer pour transposer un morceau d'un intervalle donné, sont *variables* suivant que le morceau est écrit avec l'une ou l'autre clef. Tandis qu'avec la **Notation Frémond** l'échelle de transposition est *toujours la même* pour le même intervalle à transposer.

La suppression des clefs simplifie donc, comme on le voit, d'une façon très-sérieuse, la transposition des morceaux de musique.

Afin de donner une idée de la façon dont s'opèrent les transpositions avec l'emploi de la **Notation Frémond**, je vais donner ici quelques exemples de transposition d'un même morceau, en différents tons.

Morceau en Sol *(Ancienne Notation)*

Le même, transcrit en *Notation Frémond*:

Nᵒ 1. — *en Sa.*

Le Nᵒ. 1 transposé en Fa *(2 tons plus haut).*

Nᵒ 2. — *en Fa.*

Le Nᵒ. 1 transposé en Ra *(2 tons plus bas).*

Nᵒ 3. — *en Ra.*

Le Nᵒ. 1 transposé en Ro *(3 tons ½ plus haut).*

Nᵒ 4. — *en Ro.*

Le Nᵒ. 1 transposé en Do *(3 tons ½ plus bas).*

Nᵒ 5. — *en Do.*

Je ferai remarquer que les 5 exemples ci-dessus ont été choisis spécialement pour faire voir les 2 cas de transposition qui peuvent se présenter.

1er Cas.—Lorsqu'on transpose d'un nombre juste de tons: 1 ton, 2 tons, 3 tons, etc., toutes les notes montent ou descendent du même nombre de degrés en conservant leurs couleurs respectives. *(Exemples Nᵒˢ 2 et 3.)*

2ème Cas. — Lorsqu'on transpose d'un nombre fractionnaire de tons: 1 ton ½, 2 tons ½, etc., toutes les notes changent de couleur en variant de position, ce qui rend la transposition un peu moins facile que dans le cas précédent, sans toutefois présenter de difficultés. *(Exemples Nᵒˢ 4 et 5.)*

D'ailleurs, pour la transposition en **Notation Frémond**, j'ai établi des Règles analogues à celles qui existent pour les transpositions en ancienne notation, sur lesquelles elles présentent d'ailleurs l'avantage d'être *moins compliquées*, car avec l'ancienne notation les dièses ou les bémols doivent se supprimer ou se substituer les uns aux autres, non-seulement devant les notes, mais encore à l'armure.

Ainsi par exemple, si l'on veut transposer à vue en *Lab (4 bémols à la clef)*, un morceau écrit en *La (3 dièses à la clef)*, il faut d'abord employer une clef plus compliquée que l'échelle de transposition correspondante dans la **Notation Frémond**. Il faut ensuite supposer que les 3 ♯ de l'armure sont supprimés, et se rappeler constamment quelles sont les 4 notes qui doivent être chantées ou jouées ½ ton plus bas qu'elles ne sont écrites, notes qui ne sont indiquées par aucun signe, tandis que dans la **Notation Frémond** la couleur des notes forme un guide absolument sûr pour les modifications.—De plus, avec l'ancienne notation, il faut modifier constamment, et d'une façon irrégulière, les notes affectées *accidentellement* de ♯, ♭, ou ♮.

Enfin, par la transposition à vue au moyen des clefs on n'obtient pas les notes à leur véritable diapason, ce qui est encore une cause d'erreurs et de complications.

Les personnes qui ne se rendraient pas bien compte des difficultés que présentent les transpositions, dans l'ancienne notation, pourront d'ailleurs consulter à ce sujet ma « *Grammaire musicale* » ou les « *Principes de Musique* » de SAVARD, *(pages 137 à 147, et note J)*, où cette question se trouve traitée d'une façon complète.

Avant de terminer ce rapide exposé des avantages obtenus pour la transposition à vue, je dois faire remarquer que les diverses notations par chiffres ne peuvent jouir de ces avantages, et ne se prêtent guère qu'à la transposition vocale. *(Voir page 52).*

Je demande pardon au lecteur de m'être étendu si longuement sur la question des *transpositions*, d'importance secondaire; mais j'ai voulu bien faire ressortir que malgré la suppression des clefs, que l'on considère comme si commodes et même indispensables pour les transpositions, celles-ci pouvaient encore être *plus facilement* effectuées avec la **Notation Frémond** qu'avec l'ancienne notation.

48

10°.—La Notation Frémond simplifie beaucoup la représentation des valeurs ou durées des notes et des silences, *tout en permettant d'apprécier beaucoup mieux la valeur de chaque temps.*

Par suite l'écriture des mesures est plus logique et plus claire.

Je ferai remarquer en effet que, dans l'ancienne notation, on emploie pour représenter les durées des notes et des silences, *quatorze signes différents,* qui sont:

Notes:

Silences:

tandis que la **Notation Frémond** n'emploie, comme nous l'avons vu, que les 3 signes: ♩, •, ↋, qui, par leurs combinaisons, représentent toutes les durées possibles, et plus clairement que ne le font les 14 signes de l'ancienne notation.

A ce propos je ferai remarquer que dans la **Notation Frémond**, la prolongation des sons s'obtient au moyen d'un seul signe: le point •; tandis que dans l'ancienne notation elle s'obtient de 3 façons différentes: 1° Par le changement de forme des notes, qui double ou quadruple leur valeur; 2° Par le point qui prolonge la note de la moitié de sa valeur; 3° Enfin par la liaison, au moyen de laquelle on peut prolonger d'une quantité quelconque la durée d'une note.

Mais cette apparente richesse de moyens ne procure aucun avantage. Ce n'est au contraire qu'une complication qui résulte de la défectuosité du système de notation employé.

D'autre part, il résulte du mode d'écriture que j'ai adopté pour la représentation des durées, que les différentes parties de la mesure ressortent beaucoup mieux qu'en employant l'ancienne écriture.

Ainsi dans ce passage:

on éprouve, en le lisant à première vue, une certaine difficulté pour distinguer où commence le 2ème temps de la 1ère mesure. *(Je parle des élèves et des musiciens ordinaires, et non de ceux qui sont rompus à la pratique de la musique).*

Or ce même passage, transcrit en **Notation Frémond**, devient:

en notes:

en chiffres:

Comme on le voit par ces derniers exemples, les temps et demi-temps se trouvent très-bien déterminés, et aucune hésitation n'est possible. Au premier coup-d'œil on distingue non-seulement les différents temps, mais encore leurs divisions exactes.

Dans cet autre exemple:

les 4 temps de la mesure ne sont pas séparés, les notes à partir du *mi* appartenant pour moitié à un temps, et pour l'autre moitié au temps suivant.

Avec la **Notation Frémond**, au contraire, les temps sont toujours bien séparés, et l'écriture est toujours claire et précise, comme le montre l'exemple suivant qui est la traduction du précédent:

Prenons encore cet autre exemple écrit en ancienne notation, et dans lequel rien n'indique la manière dont le trait de 7 notes doit être interprété; de sorte que chacun reste libre de l'exécuter selon son goût, et de l'une des façons suivantes:

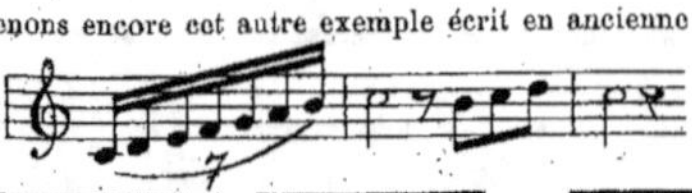

ou bien

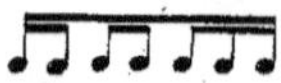

Dans la **Notation Frémond**, les divisions des groupes sont toujours indiquées, de sorte que l'exécutant sait toujours ce qu'a voulu écrire le compositeur, dont l'œuvre peut être alors exactement interprétée.

Enfin je ferai remarquer que la **Notation Frémond** n'emploie que *3 mesures différentes*: *à 2, à 3, et à 4 temps*, tandis que l'ancienne notation en emploie 8 ou 10 qui sont pour ainsi dire courantes, telles que:

$$\tfrac{2}{4}, \tfrac{3}{4}, \tfrac{4}{4} \text{ ou } C, \mathcal{C}, \tfrac{3}{8}, \tfrac{6}{8}, \tfrac{9}{8}, \tfrac{12}{8}, \text{ etc., etc.,}$$

Or les trois dernières mesures ne sont en somme que des mesures à 2, 3, et 4 temps, dans lesquelles chaque temps est composé de 3 croches au lieu de 2 que contient chaque temps des 3 premières. De même la mesure à $\tfrac{3}{8}$ n'est autre chose qu'une mesure à 3 temps dont chacun est composé d'une croche; etc., etc.—Quant au rythme il reste le même, quel que soit le mode d'écriture employé.

Voici quelques exemples de comparaison entre diverses mesures de l'ancienne notation et celles de la **Notation Frémond** qui leur correspondent. Ils seront suffisants je crois pour donner une idée de la façon dont doivent être interprétées, dans les traductions, les différentes valeurs des notes et des silences.

MESURES:

à $\tfrac{3}{8}$:

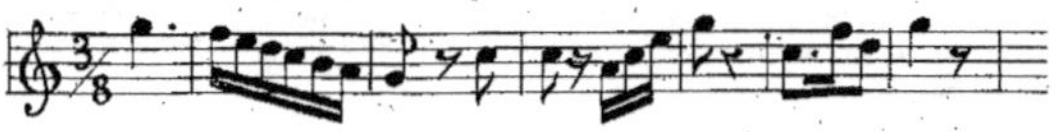

à 3 temps:

à 3 temps : 4 . . | 4 3 2 1 65 | 4 0 1 | 1 0 5 1 3 | 4 0 0 | 1 . 4 2 | 4 . 0 |

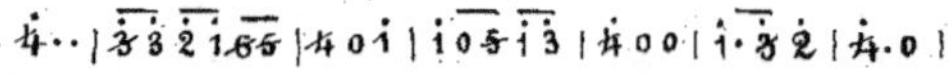

à $\tfrac{6}{8}$:

à 2 temps:

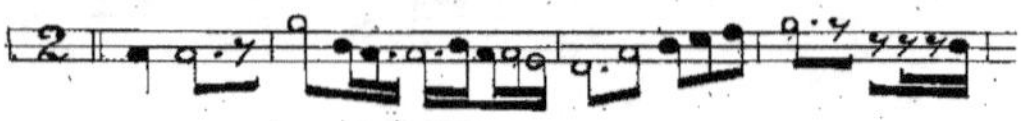

à 2 temps : 3 3 . 0 | 1 4 3 . 3 . 4 3 3 2 | 1 . 3 4 5 6 | 1 . 0 0 0 0 4 |

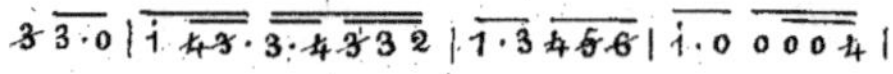

à $\tfrac{9}{8}$:

à 3 temps:

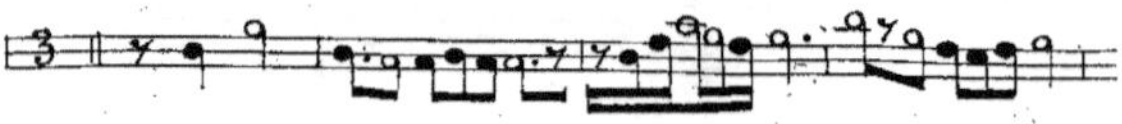

à 3 temps : 0 4 1 | 4 . 3 3 4 3 3 . 0 | 0 4 5 2 1 6 1 . | 3 0 1 6 5 6 1 |

à $\mathcal{C}$

à 4 temps:

à 4 temps : 0 1 6 5 4 3 4 4 3 | 1 0 0 4 1 1 3 2 | 1 . 0 0 | 1 1 . 4 3 0 3 |

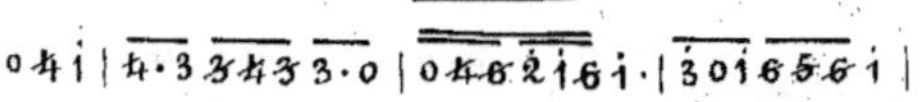

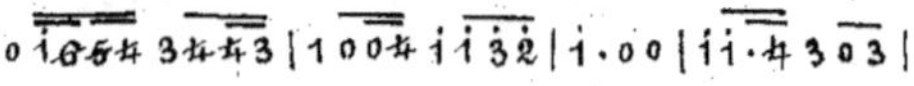

On remarquera que j'ai concentré dans ces quelques exemples les difficultés qui se présentent le plus fréquemment dans la pratique courante de la musique, relativement aux diverses combinaisons de valeurs des *notes* et des *silences*.

11°.—La Notation Frémond évite toute erreur d'interprétation, *chaque idée n'étant jamais représentée que par un signe, et chaque signe ne représentant jamais qu'une seule idée.*

Dans l'ancienne notation il en est tout autrement.

Ainsi la *croche*, par exemple, peut représenter soit $\frac{1}{2}$ temps *(mesures à 2, 3, et 4 temps)*, soit $\frac{1}{3}$ de temps *(mesures à $\frac{6}{8}$, $\frac{9}{8}$, et $\frac{12}{8}$)*, soit 1 temps *(mesure à $\frac{6}{8}$)*, soit $\frac{1}{4}$ de temps *(mesure en $\mathcal{C}$)*.

De même, le *temps* peut être représenté soit par une noire *(mesures à 2, 3, et 4 temps)*, soit par une croche *(mesure à $\frac{6}{8}$)*, soit par 3 croches ou par une noire pointée *(mesures à $\frac{6}{8}$, $\frac{9}{8}$, et $\frac{12}{8}$)*, soit par une blanche *(mesure en $\mathcal{C}$)*, etc.

Dans la **Notation Frémond**, les temps, $\frac{1}{2}$ temps, $\frac{1}{3}$ de temps, etc., sont *toujours représentés de la même façon,* et les signes qui les représentent ne peuvent *jamais* exprimer deux de ces idées.

Il en est de même pour les notes.

Celles-ci peuvent en effet, dans l'ancienne notation, représenter un son bécarre, un son dièse, ou un son bémol, suivant qu'il n'y a pas d'accidents à l'armure, ou que celle-ci comprend des # ou des ♭.—De là résulte une certaine confusion pour les commençants.

D'autre part, une même note peut représenter 7 sons *différents* selon qu'elle est écrite avec l'une ou l'autre clef; ou bien 7 notes différentes peuvent représenter le *même* son si elles sont écrites avec des clefs différentes.

Exemple d'un même signe représentant 7 notes différentes:

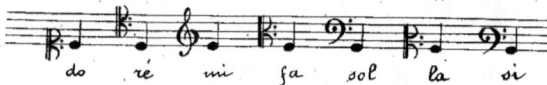

Exemple de 7 signes différents représentant la même note:

Remarquons toutefois que dans ce dernier cas, bien que les notes obtenues soient de même dénomination, elles n'expriment pas toutes un même son: *(unisson)*, car plusieurs de ces *do* appartiennent à des octaves différentes.

Dans la **Notation Frémond** un même signe ne peut jamais représenter deux sons différents. Ainsi, par exemple: ou $\bar{5}$, ou $\mathcal{C}o\,g$, ne peuvent représenter d'autre son que le *lo* de la 6e octave de l'étendue générale des sons, correspondant au *Sol* # de l'octave 4 de l'ancienne notation.

Il ne peut donc y avoir, en aucun cas, de confusion possible.

Veut-on maintenant un exemple de notes qui, par leur position, donnent l'idée contraire de la réalité.

Le *fa* # de l'exemple ci-contre paraît plus bas que le *sol* ♭, puisqu'en principe plus une note est élevée sur la portée, plus le son qu'elle représente est aigu.

Or, selon les musiciens *fa* # est un comma plus haut que *sol* ♭; de sorte que d'après l'ordre d'élévation des sons, l'intervalle ci-dessus devrait s'écrire ainsi:

Donc, l'intervalle *fa* # *sol* ♭ qui, dans l'écriture, paraît *ascendant*, est en réalité *descendant.*

Il résulte de cette anomalie que la gamme chromatique suivante, dont *tous les sons se suivent en montant (comme intonation)*, exprime, pour l'œil, une idée contraire, car les sons paraissent alternativement monter et descendre.

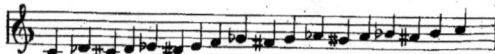

Si je ne craignais d'abuser de la patience du lecteur je pourrais encore signaler les anomalies suivantes de l'ancienne notation :

Le bécarre placé après un bémol signifie *haussez*, tandis que le même signe placé après un dièse signifie *baissez.*—Placé après un double dièse, le dièse, signe d'élévation, signifie *baissez.*—Placé après le double bémol, le bémol, signe d'abaissement, signifie *haussez*; etc., etc.

Comme on le voit, tout contribue à jeter le trouble dans l'esprit de l'élève, qui doit faire les plus grands efforts pour se tirer de cet imbroglio.—Dans la **Notation Frémond**, au contraire, tout est clair et précis, et aucun doute n'est possible.

12°. — La Notation Frémond n'emploie que des Mouvements qui puissent être déterminés facilement et exactement, *même sans le secours d'un métronome.*

Tout le monde sait combien les auteurs et compositeurs diffèrent entre eux pour l'indication des nombres du métronome correspondant aux termes qui indiquent les différents mouvements dans l'ancienne notation ; de sorte que, la plupart du temps, on ne possède aucune base fixe pour exécuter le mouvement indiqué.

« Rien n'est plus vague que la nomenclature des mouvements, et en général de la partie de la théori…

« s'y rapporte. Rien n'est aussi plus arbitraire, plus variable, et moins susceptible d'appréciation que le mouve-
« ment des pièces de musique. (Choron, *Manuel de musique, page 79).* »

La **Notation Frémond** remédie à ce grave inconvénient en donnant des bases d'appréciation aussi sûres que
faciles à appliquer.

Dans ce but j'ai adopté, pour indiquer chaque mouvement, un nombre d'oscillations qui puisse facilement
se subdiviser suivant la mesure employée, de façon à pouvoir au besoin être apprécié exactement au moyen
d'une montre à secondes.

Ainsi le mouvement « *Modéré* » correspond, dans la **Notation Frémond**, à 60 oscillations par minute, soit 1 oscillation par seconde. Or chaque oscillation valant 1 temps, si nous supposons que la mesure soit à 4 temps par
exemple, chaque mesure devra être exécutée en 4 secondes.

Supposons maintenant le mouvement « *Animé* » qui correspond à 90 oscillations par minute, ou 12 oscillations
en 8 secondes.

Puisque chaque oscillation vaut 1 temps, si nous supposons que la mesure soit à 3 temps, les 12 oscillations
devront comprendre $\frac{12}{3}$, ou 4 mesures. Alors chaque mesure devra avoir une durée de $\frac{8^{sec}}{4}$ soit de 2 secondes.

Et de même pour tous les autres mouvements, dont la série est composée de façon à obtenir des indications
aussi précises que facilement appréciables.

Cette facilité d'appréciation serait la même dans le cas où, pour la mesure du temps, on adopterait la division *centésimale* au lieu de la division *sexagésimale* actuellement employée.

Inutile d'ajouter que j'admets les modifications que le compositeur peut faire subir momentanément aux divers mouvements, pour donner plus d'expression à certains passages.

13°. — **La Notation Frémond** simplifie les signes accessoires ainsi que les diverses expressions employées couramment, *afin de faciliter le plus possible la lecture et l'écriture musicales.* Ces questions sont d'ailleurs, comme
toutes les autres, traitées avec beaucoup d'attention et d'une façon très détaillée, dans mon « *Traité élémentaire
de Musique* ».

14°. — **La Notation Frémond** simplifie la **Typographie musicale**, ce dont le lecteur aura déjà pu s'assurer par
l'énumération précédente des *suppressions, réductions,* ou *simplifications* des divers signes employés actuellement.

Elle facilitera donc beaucoup l'impression des œuvres musicales, et procurera une assez grande *économie de
main-d'œuvre.* J'ajouterai de plus, au risque de passer pour un rêveur, qu'elle facilitera la *transmission télégra-
phique* de ces œuvres, ou tout au moins de morceaux détachés, opération qui, n'en doutons pas, se fera couramment dans un avenir peu éloigné.

15°.— **La Notation Frémond** permet, *bien mieux que l'ancienne,* **d'écrire rapidement,** au fur et à mesure qu'on les
entend, de **sténographier** pour ainsi dire, les morceaux de musique.

Elle présente sous ce rapport les mêmes avantages que la notation chiffrée, dont on connaît la facilité d'emploi dans ce cas.

La facilité d'écriture obtenue est surtout sensible pour la représentation des différentes durées des sons et
des silences dans la dictée musicale, ou dans la traduction écrite d'une inspiration.

Quant à l'écriture des diverses figures de notes, je me permettrai à ce propos, de consigner ici quelques petites observations.

Tout d'abord je ferai remarquer que les figures de notes ♩, ♩, et ♩ qui sont les plus faciles à
faire et à distinguer à première vue, permettent, avec l'addition de 2 lignes supplémentaires seulement, de représenter tous les sons compris dans les limites indiquées ci-contre.

Elles suffisent donc pour écrire toute la musique vocale; la plus grande
partie de celle pour Piano, Orgue, ou Harpe; les parties ordinaires de Violon, Alto, Violoncelle, Guitare, Mandoline, Flûte, Clarinette, Hautbois, etc.,
et de la plupart des Instruments de cuivre.

D'autre part, pour faciliter l'*écriture manuscrite*, par exemple lorsqu'il
s'agit de *composition musicale*, on peut adopter le mode d'écriture indiqué ci-
après, qui permet d'écrire un peu plus rapidement, tout en évitant la moindre chance d'erreur. — C'est ainsi qu'on pourra écrire:

en Ma

au lieu de:

en Ma

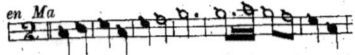

Comme on le voit par cet exemple, toutes les notes sont écrites en *rondes ordinaires*, forme qui permet le
mieux d'écrire rapidement. Seulement le signe: ♭ placé au commencement de la portée indique que les notes
écrites sur cette portée doivent être considérées ♭ comme appartenant à l'octave 7, et par conséquent doivent
avoir la forme signalée par ce signe *transpositeur.*

Remarquons d'ailleurs qu'on pourrait remplacer le signe transpositeur ♭ par le numéro de l'octave à laquelle appartiennent les notes placées sur la portée. Ce serait le N° 7 pour l'exemple précédent.

Mais quel que soit le signe transpositeur employé (*note ou numéro*), il suffit, si le morceau doit ensuite être
imprimé, de remplacer toutes les rondes par la figure réelle des notes, indiquée par le signe transpositeur, en

conservant à chacune d'elles sa position et sa couleur, ainsi que le montre la 2ème portée de l'exemple précédent.

Je ferai remarquer que lorsqu'on emploie le procédé indiqué ci-dessus, on peut, en employant quelques lignes supplémentaires, embrasser l'étendue de 3 octaves, ce qui est plus que suffisant dans la plupart des cas.

Cependant si, par extraordinaire, on devait écrire un passage qui dépassat cette étendue, on pourrait employer *exceptionnellement* la ligne d'octave, que l'on ferait disparaître dans la transcription du manuscrit.

On a pu remarquer que le signe transpositeur remplace pour ainsi dire les diverses clefs de l'ancienne notation, mais avec cette grande différence qu'il signale simplement des *différences d'octaves*, et non des différences de positions de notes; de sorte que, quelle que soit l'octave indiquée, les mêmes notes occupent toujours la même position. On évite ainsi toute chance de difficulté ou d'erreur.

Cependant il est toujours préférable pour l'écriture manuscrite, d'écrire sous leur forme réelle les notes des différentes octaves.—C'est d'ailleurs une question d'habitude.

Pour la *musique imprimée* les notes devront toujours être représentées sous leur forme réelle déterminée par leur position exacte dans l'étendue générale des sons, ainsi qu'il a été indiqué *page 21*.

16°.—La Notation Frémond permet de réaliser une économie de papier assez sérieuse et nullement à dédaigner.

En effet, la suppression des lignes supplémentaires jointe à la diminution du nombre de lignes de la Portée, réduit dans une assez grande proportion ($\frac{2}{5}$ environ) l'étendue écrite des morceaux de musique, ce qui les rend moins encombrants et plus maniables, et pourra ainsi contribuer à faire diminuer leur prix, encore trop élevé pour permettre d'arriver à une grande diffusion.

Lorsqu'on emploie la notation chiffrée pour l'écriture des mélodies, cette économie de papier est encore plus grande. Mais elle cesse d'exister dès qu'il s'agit d'écrire des accords dans cette notation.

17°.—La Notation Frémond s'emploie dans toute l'étendue et dans tous les cas où peut s'employer l'ancienne.

Nous avons même vu qu'elle permettait la représentation de quelques octaves plus aigües ou plus graves que celles actuellement employées, ainsi que la représentation de différences d'intonations de $\frac{1}{4}$ et même de $\frac{1}{8}$ de ton, avantages qui pourront être utilisés dans l'avenir.

18°.—La Notation Frémond peut être apprise avec la plus grande facilité par les personnes déjà initiées aux anciennes notations, attendu qu'il n'y a de changé que l'écriture, la théorie restant à peu près la même.

Il leur suffira en effet d'apprendre la position des 6 notes fondamentales sur les 3 lignes de la portée ainsi que les 6 chiffres qui leur correspondent, et de s'exercer à les lire couramment en tenant compte de leurs valeurs d'après le nouveau mode de division des temps et de la mesure. Après un mois d'études ces personnes seront presqu'aussi familiarisées avec la **Notation Frémond** qu'avec l'ancienne.

Quant aux *Enfants* ou aux personnes qui ne possèdent encore aucune notion musicale, ils profiteront surtout des grands avantages que présente mon nouveau mode de notation, qui, par sa *grande simplicité,* est accessible à *toutes les intelligences.*

Les partisans de la *Notation chiffrée* (Méthode Galin-Paris-Chevé) mettent également en avant la grande simplicité obtenue pour les études musicales.

Or, comme j'ai déjà eu l'occasion de le dire, cette notation présente de grandes analogies avec la **Notation Frémond** (notée ou chiffrée) et tous les avantages offerts par la première, le sont également par la deuxième.

Toutefois la **Notation Frémond** possède en outre l'immense supériorité de pouvoir s'appliquer dans tous les cas: qu'il s'agisse de musique vocale ou instrumentale, et quelles que soient la complication et les difficultés que puisse présenter l'harmonie.

Mais ce n'est là qu'un des côtés de la question.

Avec la notation chiffrée (Galin-Paris-Chevé) on emploie, pour l'enseignement de l'intonation, une méthode désignée sous le nom de *Méthode modale*, et qui consiste, en principe, à étudier la valeur relative des sons au lieu de leur valeur absolue, ce qui procure une assez grande économie de temps, comparativement à celui que l'on emploie pour les études en suivant la méthode usitée avec l'ancienne notation.

On sait en effet qu'avec cette dernière on doit étudier 15 gammes majeures et 15 gammes mineures qui forment la base de 30 tons différents, dans chacun desquels on doit tenir compte, non-seulement des dièses et bémols accidentels, mais aussi des dièses ou bémols constitutifs du ton dans lequel on chante, et qui forment son armure.

D'autre part, on sait aussi que toutes les gammes majeures sont identiques à celle de *Do majeur*, et que les gammes mineures sont identiques à celle de *La mineur*, car toutes les gammes majeures, de même que les mineures, conservent toujours entre leurs diverses notes les mêmes différences d'intonation; et ces gammes ne différent entre elles que par la hauteur d'intonation de leur tonique, hauteur qui détermine celle des autres notes, et en même temps le *ton.*

Avec la *Méthode modale* on emploie seulement deux gammes: celle de *Do majeur* et celle de *La mineur*; et pour chanter dans tous les tons on donne à la tonique *do* ou *la* de ces gammes, l'intonation de la tonique du ton dans lequel on désire chanter.

Ainsi par exemple, si l'on veut chanter la gamme de *Sol majeur*, on prend l'intonation du *sol*, et l'on donne cette intonation à la tonique *do* de la gamme de *Do majeur* qui sert de base pour les tons majeurs.— Chantant alors cette gamme en partant de la nouvelle intonation, on obtient le même effet que si l'on chantait directement la gamme de *Sol* par l'ancienne méthode. C'est donc une véritable transposition que l'on obtient au moyen de la voix.

Par l'emploi de ce procédé on supprime les dièses ou bémols qui entrent dans la composition des divers tons, et il suffit d'étudier les deux gammes qui servent de bases, au lieu des 30 gammes diverses qui forment les bases des tons employés dans l'ancienne notation.

Ainsi donc, en résumé, avec l'ancienne méthode on chante en 30 tons ou langues différentes, tandis qu'avec la *Méthode modale* on chante seulement en 2 modes ou langues différentes (mode majeur et mode mineur), modes que l'on transpose à la hauteur du ton demandé.

Toutefois, si ce procédé peut être employé pour les études de solfège et de chant, par suite de la facilité que nous avons de pouvoir chanter un même morceau à différentes hauteurs d'intonation, il ne peut être employé pour les morceaux destinés aux instruments de musique, ceux-ci étant presque tous établis dans un ton déterminé, fixe et invariable.

Aussi emploie-t-on principalement la notation chiffrée et la méthode modale comme préparation à l'étude de la notation sur portée, à cause de l'avantage qu'elle possède sur cette dernière de pouvoir faire commencer plus tôt les études musicales et d'économiser un temps précieux pour l'étude des premiers éléments de la musique.

La méthode modale pouvant être *aussi facilement employée* avec la **Notation Frémond** (sous ses deux formes) qu'avec l'ancienne notation chiffrée, l'élève pourra toujours employer la méthode qui lui paraîtra préférable pour les premières études d'intonation.

Je dois faire observer ici que les changements de couleur des notes et le barrage des chiffres de ma nouvelle notation facilitent beaucoup les études par la méthode modale.

Celle-ci en effet étant basée sur les rapports qui existent entre les notes, c'est-à-dire sur les valeurs des intervalles, son étude devient encore plus facile avec l'emploi de la **Notation Frémond**, puisque l'élève peut apprécier à première vue les valeurs des intervalles qui existent entre les notes ou les chiffres, ce qui n'a pas lieu avec les anciennes notations.

Ainsi par exemple $2\ 7$ *(ancienne notation chiffrée)* ne donne à première vue aucune idée de la valeur de l'intervalle qui existe entre les notes 2 et 7 ; tandis que $2\ \&$ *(Notation Frémond)* fait voir immédiatement qu'il s'agit d'un intervalle de quarte majeure *(d'après ma nouvelle dénomination des intervalles, page 33)*, c'est-à-dire de 4 ^{tons} ½, *(car* $6-2=4^{\text{tons}}$ *auxquels il faut ajouter le ½ ton indiqué par la barre du 6).*

On voit donc que ma nouvelle Notation est encore plus claire et plus précise que l'ancienne notation chiffrée, qui pourtant l'était déjà à un degré qu'il paraissait difficile de dépasser.

De plus, la correspondance exacte de mes deux modes de notation *(par notes et par chiffres)* constitue un nouvel et inappréciable avantage que ne possède pas l'ancienne notation chiffrée.

Enfin, pour terminer, je ferai remarquer que cette méthode a surtout été créée dans le but d'éviter les dièses ou les bémols qui entrent dans la composition des différents tons, et qui constituent une grande difficulté pour ceux dont l'armure possède plus de 2 ou 3 accidents.

Or tous ces accidents se trouvant supprimés dans la **Notation Frémond**, il en résulte que cette difficulté n'est plus à craindre, et que, par suite, l'étude de l'intonation au moyen de l'ancienne méthode *(intonation absolue)* n'offre plus de difficultés et présente au contraire l'avantage de conserver toujours aux notes leur *véritable intonation*, ce qui, au point de vue de l'art, est beaucoup plus rationnel et ne peut donner lieu à aucune équivoque.

19°. — La Notation Frémond permet de réaliser une grande économie de temps pour les études musicales.

Cela résulte évidemment de la grande simplicité obtenue par son emploi. — Il est en effet de toute évidence que plus une chose est simple et claire, et moins il faut passer de temps pour l'étudier et la connaître.

Je pourrais même ajouter que cette simplicité permet de réaliser également une *économie d'efforts intellectuels* qui n'est nullement à dédaigner.

Je ne terminerai pas cet Exposé des Avantages que présente ma nouvelle notation sans renouveler que j'aurais très facilement donner une foule d'autres exemples des complications de toutes sortes auxquelles entraîne l'ancienne notation. Mais cela m'aurait conduit beaucoup trop loin. — J'estime que les exemples typiques que j'ai cités sont plus que suffisants pour éclairer le lecteur à ce sujet.

D'ailleurs tout le monde est d'accord sur ce point, et afin que l'on ne puisse en douter, je citerai ici le passage suivant, emprunté à l'ouvrage de M.M. DAVIN et LUSSY, qui pourtant considèrent le système actuel de notation comme un modèle de clarté et de simplicité. *(Histoire de la Notation musicale, page 193).*

« Le second défaut du système actuel de notation, c'est qu'il conserve encore trop d'organes rudimentaires « qui ont été nécessaires dans les différentes phases de son développement, et qui, aujourd'hui, sont des superfétations obscurcissant sa clarté. Telles sont: 1°. les nombreuses formules de mesures, lesquelles répondaient « à une certaine phase du mouvement du morceau, mais que, grâce au métronome, on peut réduire à 7 au « plus ; 2°. les signes d'ornement ou notes d'agrément; 3°. la profusion des dièses, bémols et bécarres, que l'on « rencontre bien des pages et que l'on pourrait aisément supprimer en écrivant exactement formulée « à chaque période musicale, ainsi que le fractionnement rationnel des barres de temps et de leurs subdivisions ; « 4°. les indications et les termes de mouvement n'ayant rien de précis, tels que: *Andante, Allegro, Presto*, etc. »

Il serait donc inutile que j'insiste davantage sur ce sujet.

CONCLUSION

En résumé, la **Notation Frémond** présente sur l'ancienne des *avantages considérables* qui ne pourraient être méconnus que sous l'influence d'une *routine criminelle*, indigne de notre époque de progrès, dont la devise peut se résumer dans ces trois mots des plus caractéristiques:

‹ TOUJOURS EN AVANT ›

Et afin que le lecteur puisse mieux juger du nombre et de l'importance des *avantages indiqués précédemment* je vais les rappeler ici en résumant leurs principaux caractères, et les classant à peu près par ordre d'importance:

Résumé des Avantages de la Notation Frémond

1". - Réduction à 3, au lieu de 5, du nombre des lignes de la portée.
2". - Suppression de la plus grande partie des lignes supplémentaires.
3". - Position invariable des notes sur les lignes de la portée.
4°. - Facilité de pouvoir écrire indistinctement la musique soit au moyen de notes, soit au moyen de chiffres.

5° - Suppression complète des clefs.
6° - Suppression complète des dièses et des bémols.
7° - Appréciation immédiate de la valeur et de la nature des intervalles.
8° - Grande facilité de lecture et d'analyse des accords et des partitions.
9° - Exécution facile des diverses transpositions.
10° - Représentation très simplifiée des valeurs des notes et des silences.
11° - Exactitude d'interprétation des divers signes.
12° - Emploi de mouvements simples et précis, pouvant être déterminés exactement avec la plus grande facilité.
13° - Simplification des signes accessoires ainsi que des diverses expressions relatives aux nuances et à l'exécution.
14° - Simplification de la typographie musicale.
15° - Sténographie facile des morceaux de musique.
16° - Economie de papier et de main d'œuvre, et moindre encombrement des morceaux de musique.
17° - Application facile et exacte dans toute l'étendue et dans tous les cas où peuvent s'employer les autres notations.
18° - Etude facile et à la portée de toutes les intelligences.
19° - Grande économie de temps et d'efforts intellectuels pour les études.
20° - Enfin, en résumé: Réduction de la notation musicale à la plus simple expression possible, et élimination de la plupart des difficultés que l'on rencontre actuellement dans l'étude de la musique.

Sans m'étendre davantage ici sur ce sujet, je ferai cependant remarquer que les avantages énumérés ci-dessus sont assez considérables pour attirer et fixer l'attention de toutes les personnes compétentes et soucieuses des Progrès de l'Art musical.

Et quand je dis l'Art musical, j'entends non-seulement la partie pratique de cet art, mais encore la partie artistique dans la véritable acception de ce mot.

Il est incontestable en effet, qu'en mettant la musique à la portée de tout le monde, on développera davantage le goût artistique et l'on favorisera la production, sinon de Génies, tout au moins d'Artistes (compositeurs ou exécutants) qui s'appliqueront d'autant plus à obtenir la perfection qu'ils sentiront plus grande la compétence de ceux qui les écoutent ou qui les jugent.

De plus, le temps que permet d'économiser l'emploi de la Notation Frémond, pourra beaucoup mieux être employé à développer par des études appropriées, le sentiment artistique des élèves.

Ainsi donc, aussi bien au point de vue artistique qu'au point de vue pratique, tout milite en faveur de la réforme proposée.

D'une simplicité qu'il est, je crois, difficile de dépasser dans l'état actuel de la science musicale, la Notation Frémond se prête à tout: aussi bien à la représentation de la mélodie la plus simple qu'à celle de l'harmonie la plus compliquée.

Elle constitue, il est vrai, une Réforme radicale du mode de notation adopté jusqu'ici.

C'est une espèce de Révolution dans l'art de représenter les sons, et qui ne saurait être mieux comparée qu'à celle opérée par le Système métrique décimal, dont on a fini par reconnaître universellement les immenses avantages, mais malheureusement après un laps de temps beaucoup trop long.

Espérons qu'il faudra moins de temps pour opérer la réforme de la notation musicale actuellement employée, et dont tout le monde s'accorde à reconnaître la grande complication et les nombreux inconvénients.

Cependant, malgré les avantages de la Notation Frémond, je ne me dissimule nullement les résistances qu'elle rencontrera au début, par suite de l'habitude que nous avons de l'ancien mode de notation.

Il est bien évident qu'elle ne pourra être adoptée immédiatement partout et par tous.

Il faudra, pour que son emploi devienne général, au moins deux générations: la première étant obligée de connaître les deux notations: ancienne et nouvelle, en attendant que les anciens morceaux soient transcrits, opération qui nécessitera une nouvelle édition de ces œuvres. (1)

Toutefois l'obligation pour nos jeunes musiciens d'apprendre le nouveau mode de notation, ne saurait constituer une difficulté pour eux, attendu qu'il leur sera très-facile, avec un peu de bonne volonté, de s'initier rapidement à la Notation Frémond.

Cette étude sera surtout facile pour ceux qui sont déjà familiarisés avec l'ancienne notation chiffrée, celle-ci présentant, ainsi que nous l'avons déjà vu, une certaine analogie avec mes nouvelles notations.

Et puis, il ne faut pas songer qu'au présent, il faut aussi penser à l'avenir et bien nous pénétrer de cette idée que si nous devons nous imposer un léger surcroît de travail, par contre nos descendants, et même nos contemporains qui ne connaissent pas encore le mode de notation actuel, auront à s'imposer un travail beaucoup moindre pour s'initier à l'art musical, et pourront connaître en moins d'un an, ce qui exige actuellement plusieurs années d'études suivies.

Or si, à notre époque, '' le temps c'est de l'argent '', au 20ème siècle, siècle de l'Electricité, ce sera de l'Or, et l'on ne saurait trop chercher tous les moyens de l'économiser.

Sous l'influence du Progrès, les sciences, les arts, l'industrie, le commerce, les conditions d'existence, tout

---

(1) — On comprendra facilement qu'on ne pourrait transcrire TOUS les anciens morceaux, dont beaucoup d'entre eux d'ailleurs ne sont plus joués, et par suite ont peu d'intérêt pratique, tout en ayant une valeur artistique quelquefois très-grande.

On se contentera de transcrire les morceaux qui sont d'un usage courant, au fur et à mesure des besoins. Quant aux autres morceaux, ceux qui plus tard voudront les jouer ou les consulter seront obligés d'apprendre l'ancienne notation (s'ils ne la connaissent déjà), absolument comme on est maintenant obligé d'apprendre le grec, le latin, ou les langues vivantes, lorsqu'on veut consulter les anciens auteurs grecs ou latins, ou les auteurs contemporains dont les ouvrages sont écrits dans un autre idiome que le nôtre.

s'améliore et se transforme avec une rapidité dont nous avons peine à nous faire une idée, tellement cela nous semble naturel; et la Musique ferait exception à cette règle générale? C'est inadmissible! (2)

J'ai fait voir précédemment que la notation musicale pouvait, aussi bien que toute autre chose, subir des améliorations notables, et se transformer quasi radicalement suivant ainsi la loi générale du progrès. Pourquoi alors n'entrerait-on pas résolument dans cette voie en transformant ces anciens caractères qui, pour la plupart des gens, sont presque des hiéroglyphes, mais auxquels cependant, j'en suis persuadé, ou voudra (qu'on me pardonne l'expression) se *cramponner* quand même, malgré leurs inconvénients reconnus, tant est grand l'attachement que l'on éprouve pour les choses qui nous sont familières.

Vaincre la routine, telle est en effet la grande difficulté, pour ainsi dire morale, qu'il y a à surmonter. Ce sera d'ailleurs presque la seule, car les difficultés matérielles que cette transformation entraînera se réduiront, en somme, à une question de temps et d'argent facile à résoudre, surtout si mon nouveau mode de notation était adopté d'une façon générale pour l'enseignement de la musique.

Tout se réduirait à une question de réédition des ouvrages déjà parus, pour les transcrire en **Notation Frémond**, opération analogue à la traduction d'un ouvrage en langue étrangère, ou à la transposition ordinaire d'un morceau de musique.

Pour terminer, j'ajouterai que je n'ai nullement la prétention d'avoir fait quelque chose d'absolument parfait, et une plus grande pratique m'amènera peut-être par la suite à apporter encore quelques modifications de détail pour rendre ma notation plus simple encore, s'il est possible.

D'ailleurs j'accueillerai toujours avec plaisir les observations qui me seraient présentées ou les idées qui me seraient soumises à ce sujet, mon seul but étant de simplifier autant que possible la science musicale, sans m'attacher d'une façon spéciale à aucun système particulier.

Toute idée, toute observation, toute critique, ou tout conseil qui pourra m'aider dans ma tâche sera toujours bienvenu, de quelque part qu'il vienne, et l'on peut être assuré que j'en tiendrai toujours le plus grand compte. (*Voir l'Avis au Lecteur, page 6).*

Puisse mon modeste travail porter ses fruits et servir de but et de base à la prochaine *Révolution musicale* qui , tôt ou tard, doit détruire et remplacer par quelque chose de plus simple, le système si compliqué de la notation actuelle, contribuant ainsi à répandre de plus en plus, et d'une façon générale, le goût pour les études musicales.

J'aurai ainsi atteint le but que je me suis proposé, et serai heureux d'avoir pu contribuer pour une faible part, au développement de cet Art, aussi agréable dans sa pratique que sublime dans ses inspirations.

A. Frémond

Buenos Aires, *Novembre 1897.*

(2) — Personne n'ignore les modifications que subit continuellement la musique au point de vue des combinaisons harmoniques et instrumentales. — Aussi ce paragraphe vise-t-il plus particulièrement la *Notation*; et il m'a été suggéré par l'observation suivante que me firent immédiatement plusieurs musiciens auxquels je parlais vaguement de ma *Réforme*: qu'il était *IMPOSSIBLE de trouver quelque chose de plus simple que la Notation actuelle »*, observation que j'ai également trouvé consignée dans quelques ouvrages que je crois inutile de citer.

Que le lecteur me permette cependant de lui présenter les passages suivants extraits de l'un d'eux:

« Tel qu'il nous apparaît aujourd'hui, le système actuel de la notation musicale est certainement le produit le plus parfait que l'homme ait établi, dans quelque branche que ce soit de la science et de l'art. Aucun système d'écriture ne l'égale en clarté et promptitude de perception. D'un coup d'œil le musicien saisit les détails les plus fugitifs et les plus ténus, tellement la représentation qu'en offre le système est parfaite et lucide ». (*Histoire de la Notation musicale de DAVID et LUSSY, page 189).*

Et plus loin, (page 194):

« Peut-on considérer toutefois notre système comme définitif, immuable? Sa diffusion chez tous les peuples civilisés pourrait faire croire à sa fixité et à sa durée. Mais rien n'est immobile sur cette terre! tout change, tout se transforme, tout évolue, et chaque être poursuit la forme dans laquelle il pourra se développer dans la plénitude de sa virtualité. Or la musique change à vue d'œil, la transformation qu'elle subit sous nos yeux est un indice certain qu'elle en subira encore de plus grandes. Des œuvres qui, il y a vingt ans, passaient pour le dernier mot de l'art n'ont plus aujourd'hui qu'une valeur archéologique. À de nouveaux besoins il faut de nouveaux éléments. Si la musique entre dans une ère nouvelle, si elle abandonne les trois bases sur lesquelles elle repose actuellement: tonalité en double mode, mesure et rhythme, il n'y aurait rien d'étonnant à ce que le système de notation subit une transformation correspondant à cette évolution. Mais nous ne croyons pas à une révolution radicale qui équivaudrait à celle de la portée remplaçant les neumes. Que des besoins nouveaux entraînent des signes nouveaux en telle quantité que l'on voudra, leur accumulation pourra changer l'aspect de la notation actuelle; jamais elle ne la détruira. Car cette notation est la personnification, l'incarnation même de la musique, dessinant merveilleusement la fluidité ascendante et descendante des sons. Nous croirions plutôt à l'écroulement entier du système actuel de musique qu'à la disparition de celui de la notation.

« Pas plus que nos ancêtres n'ont prévu les formes actuelles de la notation, nous ne pouvons prédire celles qu'elle révélera dans l'avenir. Ce qu'il nous est permis d'affirmer, c'est que ce qui viendra sortira de ce qui est, comme ce qui existe est sorti de ce qui a été ».

STATUTS

DE LA

SOCIÉTÉ INTERNATIONALE
DE MUSIQUE

POUR LA PROPAGATION DE LA

NOTATION FRÉMOND

ET LA

VULGARISATION DES ÉTUDES MUSICALES

ÉLABORÉS PAR

A. Frémond

INGÉNIEUR

FONDATEUR DE LA SOCIÉTÉ

>>> BUENOS AIRES <<<

1898

But de la Société

Art. 1.—Il est formé une Association qui prend la dénomination de: «**Société Internationale de Musique**».

Art. 2.—La Société a pour but:

1°— Propager la **Notation Frémond** et travailler à la faire adopter partout comme notation musicale universelle.

2°— Etudier toutes les questions théoriques ou pratiques pouvant contribuer aux progrès de l'Art Musical dans ses diverses branches.

3°— Répandre par tous les moyens possibles la connaissance de la Musique dans les divers Pays et les diverses classes de la Société.

4°— Etudier les réformes de tous genres auxquelles peut se prêter l'Art Musical; propager et vulgariser celles qui auraient été reconnues utiles, et poursuivre leur adoption dans tous les pays.

5°— Faire connaître et vulgariser les chefs-d'œuvres des compositeurs, anciens et modernes, qui exigeraient pour leur interprétation des moyens d'action artistiques ou matériels supérieurs à ceux dont peuvent habituellement disposer leurs auteurs et les sociétés musicales ordinaires.

6°— Favoriser et récompenser les efforts particuliers en faveur des progrès ou du développement de l'Art Musical.

7°— Créer et entretenir des relations entre les Sociétés et Centres musicaux de tous les Pays.

8°— Enfin concourir d'une manière générale aux progrès des Sciences et Beaux-Arts dont la Musique constitue une des principales branches.

Art. 3.—Pour la réalisation de ce Programme la Société correspondra avec les corps savants et les sociétés musicales des divers pays; organisera des Concours avec récompenses pour les lauréats; créera des Bibliothèques spéciales de Musique; organisera des Cours de Musique; fera des Conférences; organisera des Congrès internationaux pour la résolution des questions importantes; enfin publiera un Bulletin spécial contenant les travaux et documents de tous genres pouvant intéresser l'Art Musical.

Organisation générale de la Société

Art. 4.—Dans le but de faciliter sa tâche, la Société sera divisée en Sections correspondant à chacun des Etats constituant le monde civilisé.

Art. 5.—Chacune des Sections de la Société prendra le nom de l'Etat dans lequel elle sera constituée, et le Siège sera établi autant que possible dans la Capitale de cet Etat.

Art. 6.—Chacune des Sections nationales sera indépendante. Elle possédera son administration spéciale et fera au besoin subir au Réglement général proposé pour les diverses Sections, les modifications qui pourraient être en contradiction avec les lois de son Pays.

Elle fixera la valeur de la cotisation annuelle de ses membres, qui toutefois ne devra pas être moindre que 12 francs ou la valeur correspondante, prenant pour base la valeur relative de la monnaie, et non sa valeur nominale.

Art. 7.—Chaque Section Nationale poursuivra dans son Pays la réalisation du But indiqué pour la Société.

Pour cela elle se mettra en relations avec toutes les personnes qui s'intéressent particulièrement aux Progrès de l'Art Musical, ainsi qu'avec les Sociétés Musicales existantes; elle cherchera à en créer de nouvelles, et fera tout son possible pour faire adopter les Réformes qui auraient été reconnues bonnes et conseillées par les Congrès de Musique, soit officiels, soit particuliers auxquels prendraient part les délégués des diverses Sections de la Société.

Dans ce but elle agira s'il est nécessaire auprès des pouvoirs publics, afin de faire adopter ces Réformes dans l'enseignement officiel des Ecoles.

Art. 8.—Chaque Section Nationale concentrera tout ce qui dans son Pays pourrait intéresser l'Art Musical.

Elle servira d'intermédiaire entre ses membres et l'Agence générale de la Société, avec laquelle elle se tiendra constamment en relations directes et suivies.

Art. 9.—Tous les trois mois chaque Section Nationale enverra à l'Agence générale un Rapport détaillé constatant les Progrès réalisés par la Société dans son Pays, les moyens employés, le nombre des membres, l'état des cotisations, la balance des comptes, etc., etc.

Elle fera également parvenir à l'Agence générale un résumé des mémoires ou questions qui lui auraient été soumises et qui n'auraient pas été publiés dans les bulletins mensuels, ainsi que 2 exemplaires de tous les Bulletins et documents imprimés publiés par la Section.

Ces documents seront déposés aux archives de l'Agence générale.

Art. 10.—Dans toutes les Sections Nationales, les *Dames* seront admises à faire partie de la Société au même titre que les hommes. Elles jouiront des mêmes droits et seront soumises aux mêmes devoirs.

De l'Agence générale

Art. 11.—Il sera établi une Agence générale de la Société où seront centralisés tous les renseignements, publications diverses, correspondance, etc., en un mot tous les documents pouvant intéresser la Société à un degré quelconque.

Art. 12.—Le Siège de l'Agence générale est établi à Paris. (1)

Art. 13.—Afin de divulguer dans les divers Pays les travaux importants réalisés dans chacun d'eux, l'Agence générale publiera un Bulletin mensuel traitant de toutes les questions générales intéressant la Société et faisant connaître les Progrès ou Réformes concernant l'Art Musical.

Ce Bulletin sera adressé à toutes les Sections Nationales, qui pourront le reproduire en entier ou par extrait dans leur Bulletin spécial.

---

(1)— Provisoirement et jusqu'à la réunion du premier Congrès, le siège de l'Agence générale sera établi à *Buenos Aires*.

Art. 14 — Afin de subvenir à l'entretien de l'Agence générale, chaque Section Nationale fera sur le montant des cotisations de ses membres un prélévement de uu cinquième dont le montant sera adressé tous les trois mois à l'Agence générale.

Art. 15 — Ces prélévements, joints aux legs ou donations qui pourraient être faits spécialement à l'Agence générale, formeront la Caisse générale de la Société.

Cette Caisse sera destinée à couvrir les dépenses de l'Agence générale dont le budget de Recettes et Dépenses sera discuté et approuvé tous les ans par le Congrès annuel.

Art. 16. — Dans le cas où les sommes ainsi versées dans la caisse de la Société dépasseraient de beaucoup les besoins de l'Agence générale, il pourrait être proposé au Congrès annuel de diminuer le prélèvement de un cinquième sur les cotisations des membres des diverses Sections. Dans ce cas le Congrès fixerait la fraction qui devrait être prélevée.

Art. 17. — Les fonds constituant la Caisse générale de la Société seront déposés dans le ou les établissements désignés par le Congrès et sous le nom de l'Agent général, du Président et du Trésorier de la Section dans laquelle est installée l'Agence générale.

Ils en seront retirés, au fur et à mesure des besoins au moyen de bons signés par les mêmes personnes.

Toutefois l'Agent général pourra conserver en son pouvoir une somme de 500 francs pour subvenir aux dépenses courantes.

Art. 18. — En outre de la direction de l'Agence, l'Agent général est chargé de poursuivre par tous les moyens possibles l'organisation des diverses Sections Nationales et de faciliter et entretenir entr'elles des relations cordiales et constantes.

Il a sous sa garde les Archives générales de la Société. Il reçoit toutes les communications des Sections et les transmet aux autres Sections par la voie des Bulletins mensuels, dont la rédaction lui est confiée. Il recueille toutes les observations qui sont faites relativement à l'application des Réformes adoptées par la Société et résout les difficultés qui peuvent se présenter. Dans les cas importants il les soumet à la discussion des Congrès.

Il est chargé de la comptabilité générale de la Société et fait tous les ans un Rapport sur l'état de l'Agence générale et des diverses Sections Nationales, rapport qui est inséré au Bulletin.

Il fait les démarches nécessaires pour la préparation et la réunion des Congrès annuels, auxquels il prend part en qualité de Secrétaire général.

A chaque Congrès annuel l'Agent général présente en outre un Rapport détaillé de sa gestion pendant l'année écoulée, ainsi que le projet de Budget pour l'année suivante. Ces pièces servent de base de discussion au Congrès qui peut faire les observations ou apporter les modifications qui seraient reconnues nécessaires pour le bon fonctionnement de l'Agence.

Art. 19. — Pour la tenue de la comptabilité et la correspondance l'Agent général pourra s'adjoindre un Secrétaire-archiviste qui le suppléerait en cas d'absence momentanée.

Il pourrait également dans le cas où le développement de la Société l'exigerait, s'adjoindre un ou plusieurs autres employés chargés de l'expédition des affaires courantes.

Art. 20. — L'Agent général, le Secrétaire-archiviste, et en général les employés dépendant de l'Agence générale sont rétribués.

Les appointements, les frais de voyage s'il y a lieu, les frais de bureau, etc., sont soldés par la Caisse générale de la Société.

Art. 21. — L'Agent général est nommé pour une période de cinq ans par le dernier Congrès qui se réunit avant la date désignée pour la fin de chaque période.

L'Agent général sortant est rééligible.

Afin de faciliter l'organisation de la Société ainsi que celle des diverses Sections Nationales, les fonctions d'Agent général seront remplies durant la période d'organisation par M. A. FRÉMOND, fondateur de la Société, qui exercera ces fonctions jusqu'à la réunion du premier Congrès annuel.

Art. 22. — En cas de mort ou démission de l'Agent général, son successeur sera nommé par le premier Congrès annuel qui suit. Les candidats devront se faire connaître ou être proposés au moins six mois avant la date de réunion du Congrès, afin que toutes les Sections Nationales puissent connaître en temps voulu les candidats, et donner à ce sujet leurs instructions à leurs délégués. La votation aura lieu jusqu'à ce que l'un des candidats ait obtenu la majorité absolue des suffrages exprimés.

Art. 23. — Dans le cas indiqué ci-dessus, et en attendant l'élection du nouvel Agent général, le Secrétaire-archiviste remplira intérimairement ces fonctions, sans cependant en recevoir les appointements. Néammoins une rétribution pourra lui être accordée par le Congrès pour les services qu'il aura pu rendre en cette circonstance

Des Congrès annuels

Art. 24. — Des Congrès annuels internationaux seront organisés par la Société pour la résolution des questions importantes intéressant l'Art musical et le fonctionnement de la Société.

Toutes les Sections Nationales y enverront des délégués qui seront désignés par chaque Section dans l'Assemblée générale qui précédera la réunion du Congrès.

L'élection de ces délégués sera faite au scrutin secret, et tous les membres de la Section y prendront part, soit personnellement, soit par correspondance.

Art. 25. — Le nombre des Délégués sera proportionnel au nombre des membres de la Section. Il sera déterminé par l'Agent général qui prendra pour base le nombre des membres de la Section la moins importante.

Les dépenses des Délégués seront à la charge de leur Section.

Art. 26. — Les Congrès annuels internationaux auront lieu à tour de rôle dans les diverses Capitales des Etats les plus importants.

Chaque Congrès désignera la Ville dans laquelle sera tenu le Congrès suivant.

Autant que possible il sera tenu compte, pour cette désignation, des expositions internationales qui pourraient avoir lieu, et qui constituent une occasion et un milieu favorables pour ces genres de réunion.

Art. 27. — Les Congrès annuels seront organisés suivant un Réglement spécial qui sera élaboré par l'Agence générale et approuvé par le premier Congrès, et dont les dispositions seront celles indiquées pour les réunions des Sections Nationales, ou pourront être empruntées aux dispositions régissant les Congrès analogues organisés entre les diverses nations pour l'étude des questions internationales.

始

Dispositions diverses

Art. 28 — Dans le cas où une addition ou modification aux Statuts généraux de la Société serait proposée par une des Sections Nationales, la question serait mise à l'ordre du jour du plus prochain Congrès, à condition toutefois que la proposition en soit faite au moins six mois avant la réunion de ce Congrès.

Art. 29 — En cas de dissolution d'une Section Nationale, l'Agence générale restera libre, après l'accomplissement de toutes les formalités prévues pour le cas de dissolution, de réorganiser une nouvelle Section Nationale en se conformant aux Statuts généraux de la Société, et en tenant compte des causes qui ont amené la dissolution de la Section organisée antérieurement, afin d'éviter de nouvelles difficultés.

Dans ce cas, les Archives et la Bibliothèque de la Section dissoute seront remises à la nouvelle Section.

Art. 30 — La Société s'interdit absolument toute discussion ayant rapport à des questions politiques ou religieuses, ainsi que de toutes questions pouvant froisser ou blesser l'amour-propre d'une nation quelconque.

L'Étude des questions musicales, artistiques ou scientifiques, et leur vulgarisation, doivent uniquement faire l'objet de ses préoccupations.

Art. 31 — Pour l'organisation de chacune des Sections Nationales il a été établi un projet de Réglement qui pourra être un peu modifié, suivant les lois ou les usages des divers Pays, et qui sera soumis par chaque Section à l'approbation des autorités locales.

NOTA

Vu sa longueur, il sera fait une édition spéciale du **projet de Statuts** devant régir les **Sections Nationales.** Il renferme 160 articles répartis entre 17 chapitres dont voici l'énumération:

But de la Société.

Conditions d'admission.

Composition de la Société.

Des Cotisations.

Démissions et exclusions.

Administration de la Société.

Devoirs des Membres du Bureau.

Des Commissions.

Réunions du Conseil d'Administration.

Des Assemblées générales.

Des Récompenses, distinctions et encouragements.

Travaux divers et Publications.

Bibliothèque et Archives.

Organisation musicale.

Des Concerts et Fêtes organisés par la Société.

Des ressources de la Société et de leur emploi.

Dispositions diverses.

Les personnes ou les Sociétés qui s'intéresseraient aux travaux de la **Société Internationale de Musique** et qui désireraient en faire partie, peuvent s'adresser à M. A. FRÉMOND, Ingénieur, à *Buenos Aires* (République Argentine), qui leur donnera tous les renseignements complémentaires dont elles pourraient avoir besoin.

Table des Matières

GRAMMAIRE MUSICALE

ou Principes de Musique en Notation usuelle et en Notation chiffrée, actuellement employées.

EXTRAIT DE LA PRÉFACE

Le modeste ouvrage que j'offre au public a été rédigé sans aucune prétention. C'est avant tout un livre pratique.

Je me suis abstreint à exposer les Principes généraux de la Musique sans entrer dans des explications détaillées que l'élève recevra du professeur, ou qu'il rencontrera dans des ouvrages plus développés.

La première partie est laconique, et ne renferme guère que des définitions et des exemples.

Les explications théoriques de la 2ᵉ et de la 3ᵉ parties ne pouvaient se présenter sous une forme aussi brève, et j'ai dû leur donner un peu plus d'extension tout en restant le plus succinct possible.

Les élèves trouveront dans cette *Grammaire* tous les éléments nécessaires pour s'initier rapidement et sans fatigue aux principes fondamentaux de la musique, considérée comme Art et comme Science.

C'est dans le but de leur faciliter la tâche que cette Grammaire a été rédigée.

TABLE DES MATIÈRES
DE LA
GRAMMAIRE MUSICALE

COURS MÉTHODIQUE DE DESSIN INDUSTRIEL

Le Cours complet est divisé en quatre années régulières et une année préparatoire, et il comprend les genres suivants de Dessin:

Géométrique — Linéaire — Ornement — Lavis—Croquis — Projections et Perspective — Topographie — Architecture—
Machines — Installations industrielles — Travaux publics, etc., etc.

Planches composant la 1ère Année, déjà publiée:

Planche N° 1 - LINÉAIRE - Divisions du carré et de la circonférence. Tracé des lignes droites et des circonférences.

" N° 2 - " Tracé des lignes parallèles - Parquet de mosaïques et bordures diverses.

" N° 3 - " Intersections des lignes droites et courbes. Etoiles et rosaces diverses.

" N° 4 - " Boules et épis de couronnement.

" N° 5 - " Urne - Balustre - Lucarne.

" N° 6 - ARCHITECTURE - Moulures diverses - Volute ionique.

" N° 7 - LAVIS A 2 TEINTES - Parquets de mosaïques.

" N° 8 - ETUDES D'ORNEMENT - Feuilles diverses.

" N° 9 - MÉCANIQUE - Boulons, rivets, écrous, rondelles, goupilles, tourillons.

" N° 10 - ARCHITECTURE - Façade et distribution intérieure d'une maison.

" N° 11 - LAVIS A TEINTES SUPERPOSÉES - Cube, cylindre, cône, et combinaisons diverses. Ombres propres et portées.

" N° 12 - ETUDES D'ORNEMENT - Vases, urne, aiguière.

" N° 13 - ARCHITECTURE - Ordre Toscan.

" N° 14 - MÉCANIQUE - Vis á filets triangulaires et carrés.—Sections de vis et d'écrous.

" N° 15 - PROJECTIONS - Banc vu sous toutes ses faces et dans toutes les positions possibles, droites et obliques.

L'Année préparatoire et la 2ᵉ Année sont en cours de publication. *(Chacune d'elles comprend 15 planches).*

TIP. LITOGRAFIA RIVADAVIA

HENRI MONTHEIL

81 - MAIPU - 85

www.ingramcontent.com/pod-product-compliance
Lightning Source LLC
LaVergne TN
LVHW021731080426
835510LV00010B/1202